Das 1x1 des DAMPFGARENS

Susanne Kuttnig-Urbanz
Friedrich Pinteritsch

Das 1x1 des DAMPFGARENS

Schonende Zubereitung
Leichter Genuss

Pichler Verlag

ISBN 978-3-85431-527-8

Umschlag- und Buchgestaltung: Buchproduktion.Toscani.at

Druck und Bindung: Druckerei Theiss GmbH, St. Stefan im Lavanttal

Inhaltsverzeichnis

Tipps der Ernährungsexpertin und Ärztin Dr. Susanne Ouschan

Tipps von Küchenchef Friedrich Pinteritsch

Vorwort der Autoren

Selbstverständlich benötigt man zur Erarbeitung eines Kochbuches einen besonderen, professionellen Zugang, zumindest aber die Liebe zum Essen oder Kochen.
Dass in diesem Fall der Dampfgarer „Hauptdarsteller" ist, hat mehrere Ursachen. Zum einen war da der Wunsch der begeisterten Hobbyköchin, das neue Gerät endlich perfekt nützen zu können. Zum anderen der Innovationsgeist des Profikochs, der die Experimentierfreude und Neugierde von uns beiden erst so richtig anspornte.
Diese Melange aus unterschiedlichen Ansprüchen trägt nun mit dem Vorliegen dieses Buches dazu bei, der Dampfgarküche einen völlig neuen Stellenwert zu geben. Es ist ein Buch, das prompte Hilfestellung bietet, sogar bei den allerersten, brennenden Fragen, die sich nach dem Kauf eines Dampfgargerätes auftun.
Zwei unterschiedliche Charaktere feilschten also an raffinierten Rezepten, die nicht nur der modernen, gesundheitsbewussten Küche entsprechen, sondern vor allem auf ihre Alltagstauglichkeit geprüft sind.
Noch ein Wort zum Teamwork: Ein gutes Team zeichnet sich nicht allein durch Professionalität im Sinne des Könnens aus. Es sind vielmehr auch Verlässlichkeit, gegenseitiger Respekt, humorvolles Miteinander und die Liebe zur Sache selbst, die zählen. Einig waren wir uns alle zusammen sogar bei der Frage „Wer isst das Gekochte auf?" – es war für den Einzelnen nicht so einfach, von den Köstlichkeiten etwas abzubekommen! Aber es wurde alles verspeist, nichts vergeudet ...

Lassen Sie sich nun überraschen, wie geschmackvoll, farbenfroh und innovativ dampfgegarte Speisen sein können!
Viel Freude beim Genießen wünschen Ihnen

Susanne Kuttnig-Urbanz

und

Friedrich Pinteritsch

v.l.n.r: Gabriela und Günter Jost (Profis der Fotografie im Foodbereich), Susanne Ouschan (Medizinerin und Ernährungsexpertin), Friedrich Pinteritsch (Profikoch der Dampfgar- und Kombigarküche), Susanne Kuttnig-Urbanz (Publizistin und Hobbyköchin)

P.S. Die Rezepte beziehen sich auf die Menge für 4 Personen, sofern nicht anders angeführt! Und das Dampfgargerät haben wir in den knackig gestalteten Rezepten als „DG" bezeichnet.

Leitfaden zum Buch

Dieses Buch soll ein übersichtliches Werkzeug für die ersten Schritte mit dem neuen, professionellen Dampfgargerät (z. B. von Küppersbusch) sein. Aufgezeigt wird aber auch, welche alternativen Möglichkeiten sich bieten. Besonders ausführliche Informationen gibt es über das neue innovative Kochen bzw. Dämpfen im Schnellkochtopf von Fissler.

Am Anfang des Rezeptteiles stehen die ersten Gehversuche mit den „Basics". So wurden all jene Rezepte bezeichnet, wo es sich größtenteils um die Zubereitung von Beilagen oder einfachen Gerichten handelt. Es werden dabei auch Fragen beantwortet, die bei Vorführungen von Dampfgargeräten (etwa in Einrichtungshäusern) seitens der Teilnehmer immer wieder auftauchen.

Der weiterführende Rezeptteil bietet viel Innovatives, aber auch Traditionelles modern zubereitet. Besonders geachtet wurde auf die gesunde Mischung in der Rezeptauswahl, es soll natürlich für jeden Geschmack das Passende dabei sein.

Der abschließende Teil mit den Menükompositionen liefert mögliche Zusammenstellungen von Rezepten aus dem Buch und somit Ideen für die erfolgreiche Bewirtung von Gästen.

Das Gute ist, Dampfgaren kennt keine Geschmacksübertragung, so können Vor-, Haupt- und Nachspeise in einem fertiggestellt werden. Der Gastgeberin (oder dem Gastgeber) bleibt damit mehr Zeit für das Angenehme – und wer wird nicht gerne für seine Kochkünste bewundert!

Unser Arbeitsgerät, der Küppersbusch-Dampfgarer.

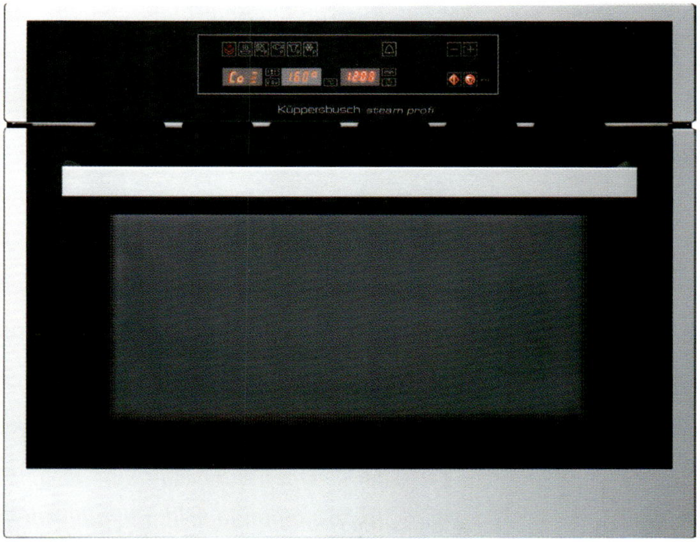

Wichtige Informationen zur Verwendung von professionellen Haushaltsdampfgargeräten

Dampfgargeräte sind meist Einbaugeräte und lassen sich problemlos in jede Küche integrieren. Ein herausnehmbarer Frischwasserbehälter macht einen direkten Wasseranschluss nicht nötig. Bei diesen professionellen Geräten kann zwischen Temperaturen von 30 bis 100 °C gewählt werden.
Bei allen Rezepten befinden sich Angaben zur Temperatur und auch zur Gardauer. Diese Informationen beziehen sich auf die Arbeit mit einem Dampfgargerät von Küppersbusch.
Bitte richten Sie sich gegebenenfalls nach den Zeit- und Garangaben Ihres Geräteherstellers. Diese finden Sie in der Herstellerinformation.
Stets wird bei den Zeitangaben vom Status eines vorgeheizten Dampfgargerätes ausgegangen. Das Vorheizen ist, wie beim Backofen, beim Dampfgarer unabdingbar.
Beschrieben ist auch die Art des zu verwendenden Bleches. Im professionellen Dampfgargerät haben Sie sowohl Rost, Lochblech als auch ein herkömmliches Blech zur Auswahl.
Bei vielen Rezepten in diesem Buch gibt es auch die Möglichkeit der Kombination von Dampfgargerät und Backrohr. Auch die Arbeit auf der Herdplatte ist mitunter notwendig, es ist aber leicht zu ersehen, wie unkompliziert ein Einsatz von allen drei „Energiequellen" sein kann.
Sollten Sie ein aktives Dampfgargerät öffnen wollen, stellen Sie sich vor dem Öffnen zur Seite, es tritt generell viel Dampf aus, der sehr heiß ist.
Vergewissern Sie sich, dass genug Wasser im Tank ist. Die meisten Geräte verfügen über eine automatische Abschaltfunktion, wenn zu wenig Wasser vorhanden ist. Bei entsprechender Wassermenge haben Sie als Köchin oder Koch auch den Vorteil, die Küche verlassen zu können, es kann nichts anbrennen.
Ein weiterer, abschließender Tipp:
Verwenden Sie für Speisen mit Saucen oder Lebensmittel, die quellen sollen (z. B. Getreide, Hülsenfrüchte), immer verschließbare Behälter.

Alternative Möglichkeiten beim Dampfgaren

Um Speisen (ohne Dampfgargerät) zu dämpfen, also ohne direkten Wasserkontakt zu garen, gibt es grundsätzlich verschiedenste Möglichkeiten. So etwa:

Das Dämpfen im Kochtopf

Funktioniert über einen Dämpfeinsatz, der flexibel ist und sich an viele Topfgrößen anpasst. Hierzu wird Wasser bis zum Rand des Dämpfeinsatzes in den Topf gefüllt und zum Kochen gebracht. Auf dem Dämpfeinsatz garen verschiedenste Arten von Speisen. Wichtig ist, den Deckel dabei zu schließen, der auch gut abdichten sollte.

Das Dämpfen im Etagentopf

Der Etagentopf ist ein Edelstahltopf (z. B. von Fissler) mit mehreren Etagen. Jede Etage hat Locheinsätze, was den Vorteil bietet, gleich mehrere Speisen auf einmal zubereiten zu können. Wichtig: den Deckel immer aufsetzen.

Das Dämpfen im Wok

Funktioniert über einen fixen Dämpfeinsatz oder flexiblen Siebeinsatz, aber auch der Einsatz von einem Bambuskorb im Wok ist möglich. Auch hier auf den Deckel nicht vergessen.

Das Dämpfen im Bambuskorb

Wie bereits erwähnt, verwendbar als Dämpfeinsatz im Wok mit übereinander stapelbaren Bambuskörbchen. Ein Bambuskörbchen hat etwa einen Durchmesser von 20 cm. Auch die Körbchen müssen abgedeckt werden.

Kochen auf die schnelle Art mit vitavit® premium oder vitavit® edition von Fissler

Warum Gedämpftes gesund ist, liegt auf der Hand. Was viele allerdings nicht wissen: Dampfgaren kann auch richtig schnell gehen. Denn neben den vorher erwähnten Möglichkeiten eignet sich auch der Schnellkochtopf, um Gedämpftes zuzubereiten. In den neuesten Modellen des alten Bekannten – wie zum Beispiel dem vitavit® premium und dem vitavit® edition von Fissler – lassen sich schon längst mehr als nur schmackhaftes Gulasch und saftige Rouladen zaubern: auch Gerichte aus der leichten Küche eignen sich sehr gut für's Schnellkochen.

Klassisch oder unter Dampf

Wenn es um das Dampfgaren geht, bieten die neuen Schnellkochtöpfe dem Koch/der Köchin gleich zwei Möglichkeiten.

Wer es klassisch mag, wählt bei Fissler die neuartige Dampfgarstufe – anders als beim herkömmlichen Schnellkochen wird dabei kein Druck aufgebaut und der Topf nicht verriegelt. So kann jederzeit der Deckel geöffnet werden, um zu würzen, abzuschmecken oder Zutaten mit kürzerer Garzeit erst später hineinzugeben. Auf diese Weise verwendet, funktioniert der Schnellkochtopf wie ein Dampfgarer.

Die zweite Variante wäre das Druckdampfgaren. Hier kommt die bekannte Schonstufe zum Einsatz und der Garvorgang wird durch die hermetische Verriegelung des Topfes nach dem Schnellkochprinzip beschleunigt. Ohne Zufuhr von Luftsauerstoff und in einem Drittel der üblichen Garzeit wirkt sich dies positiv auf die Energiebilanz aus.

Einer für alles – Etagenkochen

Ob nun klassisch oder mit viel Tempo – bei beiden Methoden wird mit einem Locheinsatz, der auf einem Dreibein im Topf platziert wird, gedämpft. Beim Etagenkochen werden sämtliche Zutaten zeitgleich im selben Topf gegart.

Etagenkochen im Schnellkochtopf

Step-by-step-Anleitung für ein schmackhaftes Gericht aus einem Topf:

Step 1

Fleisch wird zu Beginn kurz scharf im Schnellkochtopf angebraten, damit es schön saftig bleibt. Anschließend wird etwas Brühe oder andere Flüssigkeit angegossen und es können Kräuter oder Gewürze zugegeben werden.

Step 4

Wenn die Garzeit beendet ist, muss zunächst abgedampft werden, bevor der Topf geöffnet werden kann. Der vitavit® premium bietet die Möglichkeit, bequem über die Kochkrone abzudampfen – oder wie im Bild über die Abdampftaste.

Step 2

Die Beilagen, wie zum Beispiel Gemüse, werden in den speziellen Locheinsatz gegeben. Das zugehörige Dreibein wird auf dem Topfboden platziert und der Einsatz daraufgesetzt.

Step 5

Aus dem geöffneten Topf wird zunächst der Einsatz herausgehoben. Anschließend das Dreibein aus dem Topf entfernen und das Fleisch herausnehmen.

Step 3

Nun wird der Deckel geschlossen. Dank der Aufsetzhilfe und eines akustischen sowie optischen Signals ist das ganz einfach – macht es „klick" und zeigt das kleine Fenster im Griff „grün", ist der Topf korrekt verschlossen. Anschließend

wird über die Kochkrone die gewünschte Garstufe eingestellt. Eine farbige Kochanzeige mit Ampelfunktion navigiert sicher durch den Kochprozess.

Step 6

Alles zusammen auf einem vorgewärmten Teller anrichten und genießen.

Basics

Suppeneinlagen

Suppeneinlagen lassen sich übrigens nicht nur für klare Suppen, wie Gemüse-, Hühner- oder Rindsuppe, verwenden. Z. B. die Polentaschnitte in der Gemüsecremesuppe macht aus dieser eine vollwertige Mahlzeit und ist auch kulinarisch einen Versuch wert!
Suppeneinlagen, in größeren Mengen produziert, können gut tiefgekühlt werden. Dazu Suppeneinlagen nebeneinander auf eine geölte Unterlage geben. Nach dem Schockfrieren portionsweise in Tiefkühlsäckchen füllen und platzsparend im Gefrierschrank lagern.

Leberknödel

Zubereitung

Semmeln halbieren, in Wasser einweichen, gut ausdrücken. Rindsleber in sehr kleine Stücke hacken. Zwiebel schälen, in feine Würfel schneiden.

Butter in einer Pfanne zerlassen, Zwiebel darin dünsten. Knoblauch pressen. Petersilie waschen, Blätter abzupfen, fein hacken und zur Zwiebel geben.

Semmeln, Leber, Zwiebel, Petersilie, Majoran und Knoblauch fein faschieren. Ei und Brösel dazugeben, salzen und pfeffern, gut vermengen und ca. 5 Minuten rasten lassen. Mit befeuchteten Händen kleine Knödel formen und im DG bei 100 °C etwa 8 Minuten dämpfen.

Zutaten

2 Semmeln, altbacken
120 g Rindsleber
1 Zwiebel (klein)
1 Bd. Petersilie
30 g Butter
1 TL Majoran, getrocknet
1 Zehe Knoblauch
1 Ei
50 g Semmelbrösel
Salz, Pfeffer

Man kann die Leberknödel auch im Salzwasser garen. Gibt man zu dieser Masse nur 20 g Semmelbrösel und drückt sie mit Hilfe eines Löffels durch ein grobes Reibeisen oder durch ein Spätzlesieb, erhält man Leberreis als Suppeneinlage.
Verfügt man nicht über eine Faschiermaschine, kann man die Masse mit dem Stabmixer fein pürieren.

Leberknödel

Bröselknödel

Tiroler Knödel

Zubereitung

Zwiebel, Speck und Wurst kleinwürfelig schneiden und in wenig Öl anbraten. Eier mit Milch verquirlen, salzen und über die Semmelwürfel gießen.

Speck-Zwiebel-Mischung zugeben und mit Petersilie würzen. 10 Minuten rasten lassen.

Mit feuchten Händen aus der Masse kleine Knödel formen.

In einem großen Topf reichlich Salzwasser aufkochen und die Knödel einlegen.

Die Knödel auf ein gelochtes Garblech legen und im DG bei 100 °C ca. 15 - 17 Minuten dämpfen.

Zutaten

500 g Semmelwürfel
1 Zwiebel
400 g Speck
100 g Bergsteigerwurst
2 EL Öl
5 Eier
250 ml Milch
Salz
1 EL Petersilie

Bröselknödel

Zubereitung

Die Semmel würfelig schneiden, in Wasser einweichen und gut ausdrücken. Mit den restlichen Zutaten vermischen. Kleine Knödel formen und im DG in einer gelochten Garschale bei 95 °C 15 Minuten dämpfen.

Zutaten

1 Semmel, altbacken
40 g Butter (zimmerwarm)
40 g Brösel
1 Ei
Petersilie, fein gehackt
Salz

Grießschnitte

Zubereitung

Den DG auf 100 °C vorheizen.

Milch mit Salz, Butter und Muskat in eine ungelochte Garschale geben und im DG bei 100 °C 5 Minuten erwärmen. Danach den Grieß einstreuen und bei 70 °C im DG 10 Minuten quellen lassen.

Den Grieß etwas überkühlen und die Eier trennen. Zuerst die Eidotter einrühren. Aus dem Eiweiß mit einer Prise Salz Schnee schlagen, diesen mit den fein gehackten Kräutern vorsichtig unter die Masse heben.

Die Masse auf ein ungelochtes, mit Butter ausgepinseltes Blech streichen und im DG bei 100 °C 8 Minuten dämpfen. Aus dem DG nehmen, überkühlen und in Rauten schneiden. In der Suppe anrichten.

Zutaten

1 l Milch
250 g Grieß
Salz
50 g Butter
2 Eidotter
2 Eiklar
Kräuter, fein gehackt
Muskat
Butter

Polentaschnitte

Zubereitung

Milch, Salz und Polenta in eine ungelochte Garschale geben und bei 100 °C 25 Minuten dämpfen.

In die gedämpfte Polenta Butter einrühren, geriebenen Parmesan und den Sauerrahm dazugeben. (Man kann auch frische Kräuter beifügen).

Die Masse auf ein ungelochtes Garblech geben und im Dampfgarer bei 95 °C 10 Minuten garen. Danach in Rauten schneiden und in die Suppe geben.

Zutaten

500 ml Milch
½ TL Meersalz
250 g Polenta
40 g Butter, flüssig
50 g Parmesan, gerieben
3 EL Sauerrahm

Man kann die Rauten in Butter anbraten und als Beilage zu Fleisch servieren.

Polentaschnitte

Gemüse

Gemüse gehört zu einer ausgewogenen Ernährung einfach dazu! Es ist vollgepackt mit Nährstoffen – und das bei wenig Kalorien. Aber aufgepasst, nicht jedes Gemüse ist automatisch gesund! So können zum Beispiel zu frühes Ernten, lange Lagerungszeiten und der Einsatz von Pestiziden den ursprünglichen Vitaminbomben stark zusetzen. Zu bevorzugen sind saisonale heimische Gemüsearten, Gemüse aus biologischem Anbau und auch Tiefkühlgemüse. Letzteres ist zum einen praktisch, zum anderen kann man davon ausgehen, dass durch das rasche Tiefkühlen gleich nach dem Ernten noch ein Maximum an Vitaminen enthalten ist.

Apfelrotkraut

Zubereitung

Zwiebel fein schneiden, in Olivenöl andünsten. Zucker zugeben, kurz karamellisieren lassen, mit Rotwein und Orangensaft ablöschen. Preiselbeeren, Rotkraut, Lebkuchengewürz, Salz und den geschnittenen Apfel zugeben.

Den DG auf 95 °C vorheizen und das Rotkraut in einem ungelochten Behälter ca. 35 bis 40 Minuten dämpfen.

Zutaten

50 g Zwiebel
1 EL Olivenöl
20 g Zucker
50 ml Rotwein
20 ml Orangensaft
20 g Preiselbeeren
300 g Rotkraut, geschnitten
½ TL Lebkuchengewürz
Salz
50 g Äpfel

Apfelrotkraut

Brokkoliflan mit Kressesauce

Brokkoliflan mit Kressesauce

Für 6 Personen

Zubereitung

6 Dariolformen oder Tassen mit Butter ausstreichen. Den Brokkoli putzen, 6 Röschen zur Seite legen. Den Rest klein schneiden.

Den DG auf 100 °C vorheizen und den Brokkoli im gelochten Blech 7 Minuten dämpfen.

Herausnehmen und rasch kalt abschrecken oder in Eiswasser legen.

Die Zwiebel fein würfeln und in der Butter glasig dünsten. Die Brokkolistücke zugeben, salzen und pfeffern, den Wein zugießen und alles zugedeckt etwa 20 Minuten garen. Zum Schluss den Deckel abnehmen und die Flüssigkeit ganz verdampfen lassen.

Das Gemüse im Mixer pürieren, das Ei unterrühren, eventuell nachwürzen. Das Püree auf die Formen verteilen, glattstreichen. In eine ungelochte Form stellen, und im vorgeheizten DG bei 85 °C ca. 35 Minuten dämpfen.

Für die Sauce die Kresseblättchen von den Stielen zupfen, gründlich waschen und mit dem Zitronensaft, Salz, Pfeffer, Schlagobers und Frischkäse im Mixer pürieren. Die Flans auf einen Teller stürzen, mit der Sauce nappieren und gemeinsam mit den Brokkoliröschen anrichten.

Zutaten

750 g Brokkoli
1 kleine Zwiebel
2 EL Butter
4 EL Weißwein oder Gemüsebrühe
1 Ei
1 Bd. Brunnenkresse
Saft von ½ Zitrone
100 g Schlagobers
50 g Frischkäse
Butter für die Förmchen
Salz, weißer Pfeffer

Lauch-Quiche

Für eine Form von ca. 26 cm Durchmesser

Zubereitung

Eine Lauchstange längs vierteln und nochmals quer halbieren. Restlichen Lauch in 1 cm dicke Ringe schneiden.

Alles in der Butter bei kleiner Hitze 5 Minuten dünsten. Mit Salz und Pfeffer würzen. Mit Wein ablöschen und diesen bei großer Hitze ganz verdampfen lassen. Auskühlen lassen.

Den DG auf 100 °C vorheizen. Auflaufform mit Wasser ausstreichen, Teig in die Form legen. Boden regelmäßig mit einer Gabel einstechen, gemahlene Mandeln daraufstreuen. Lauchringe darüber verteilen. Lange Lauchstücke obenauf legen. Roquefort in Stücken über den Lauch verteilen. Die Quiche im DG bei 100 °C 10 Minuten dämpfen.

Für den Guss alle Zutaten verquirlen. Über die Quiche gießen. Mit den Mandelsplittern bestreuen. 40 - 50 Minuten im DG bei 100 °C fertig dämpfen.

Zutaten

4 Lauchstangen, ca. 800 g
25 g Butter
100 ml Weißwein
1 Pkg. Blätterteig
3 EL Mandeln, gemahlen
50 g Roquefort
Salz, Pfeffer aus der Mühle

Für den Guss
3 Eier
250 ml Milch
Muskatnuss
25 g Mandelsplitter

Gedämpfter Gemüsestrudel

Für 2 Strudel

Zubereitung

Den DG auf 100 °C vorheizen.

Gemüse und Champignons putzen. Lauch längs halbieren. Gemüse in kleine Würfel schneiden. Alles auf eine gelochte Garschale geben und im DG 8 Minuten dämpfen.

Schnittlauch fein schneiden. Sauerrahm mit Grieß, Schnittlauch und Petersilie verrühren, mit dem Gemüse vermischen und mit Salz, Pfeffer sowie zerdrücktem Knoblauch würzen.

Ein ungelochtes Blech vorbereiten. Den Teig auf einem Tuch ausbreiten, das erste Teigblatt mit der zerlassenen Butter bestreichen, das zweite drauflegen. Die Gemüsefülle gleichmäßig auf zwei Dritteln der Teigfläche verstreichen, den Teig mit der Fülle einrollen. Auf das leicht geölte Blech legen und im DG 55 Minuten dämpfen.

Zutaten

gezogener Strudelteig (TK)
400 g Lauch
500 g Karotten
500 g Champignons
1 Bd. Schnittlauch
200 g Sauerrahm
60 g Weizengrieß
2 EL Petersilie, gehackt
2 Knoblauchzehen
Salz, Pfeffer
50 g Butter
Öl

Wer es einmal ganz eilig hat, kann auch Tiefkühlgemüse verwenden. Dieses kommt tiefgefroren in den DG, weitere Zubereitung wie beschrieben.

Zucchinitörtchen

Zubereitung

Den (aufgetauten) Blätterteig messerrückendick auf einer bemehlten Arbeitsfläche ausrollen und vierteln. 4 Dariolformen oder Kaffeetassen kalt ausspülen und mit dem Teig auslegen, dabei einen 2 cm hohen Rand hochdrücken.

Den DG auf 100 °C vorheizen.

Die Zucchini von den Stielansätzen befreien, waschen und in ganz feine Stücke schneiden. Die Butter in einem Topf erhitzen und die Zucchini darin bei mittlerer Hitze etwa 3 Minuten nicht zu weich dünsten. Den Knoblauch schälen und dazupressen. Die Zucchini mit Salz, Pfeffer und Oregano würzen.

Die Eier verquirlen, den Käse unterrühren und mit Salz, Pfeffer und Muskat würzen, den gerösteten Sesam einstreuen.

Die Zucchini in den Förmchen gleichmäßig verteilen und mit der Eier-Käse-Mischung übergießen.

Im DG 25 Minuten dämpfen. Danach ganz kurz überkühlen lassen, die Törtchen aus den Formen nehmen und anrichten.

Zutaten

150 g Blätterteig (TK)
250 g Zucchini
1 EL Butter
1 Knoblauchzehe
Salz, Pfeffer, frisch gemahlen
½ TL Oregano, getrocknet
2 Eier
50 g Almkäse, frisch gerieben
Muskatnuss
2 TL Sesam, trocken geröstet
Mehl für die Arbeitsfläche

Statt der Dariolformen kann man auch eine Muffinform nehmen.

Zucchinitörtchen

Gedämpfter Chicorée

Gedämpfter Chicorée

Zubereitung

Vier Chicorée waschen, die Außenblätter entfernen und halbieren. Den festen Strunk keilförmig herausschneiden (dieser ist bitter). Die Blätter sollten dabei nicht auseinanderfallen.

Eine ungelochte Form mit Öl ausstreichen und den Chicorée darauflegen.

Karotte schälen, halbieren, in Streifen schneiden und würfeln. Die Zwiebel ebenfalls würfeln und in etwas heißer Butter andünsten. Dann die Karottenwürfel dazugeben und kurz mitdünsten. Zu dem halbierten Chicorée in die Form legen.

Die Gemüsebrühe mit dem Zitronensaft, Zucker, Salz und Pfeffer würzen und über den Chicorée gießen.

Den DG auf 100 °C vorheizen und den Chicorée ca. 20 Minuten dämpfen.

Mit der gehackten Petersilie und ein paar Butterflocken bestreuen und servieren.

Zutaten

500 g Chicorée, roh
1 EL Öl
1 Karotte
80 g Zwiebel
30 g Butter
250 ml Gemüsebrühe
20 ml Zitronensaft
½ TL Zucker
Salz, Pfeffer
50 g Petersilie
evtl. einige Butterflocken

Kartoffeln

Wie ist das eigentlich mit der Kartoffel? Ist sie nun gesund oder nicht?
Wie bei vielen Lebensmitteln ist das auch hier eine Frage der Zubereitung! Da sich der Großteil der Vitamine direkt unter der Schale befindet, empfiehlt es sich, Kartoffeln ungeschält zuzubereiten. Welch ein Genuss sind jedes Jahr die ersten Frühkartoffeln, die man mit Schale essen kann!
Zusammen mit einem leckeren Dip, z. B. aus Magertopfen, Joghurt und frischen Kräutern, ergeben sie eine schnell zubereitete, ausgewogene und gesunde Mahlzeit.
Weniger oder gar nichts mehr von den positiven Eigenschaften der Kartoffel findet sich in Zubereitungsarten wie z. B. Kartoffelpüree, Bratkartoffeln, Kartoffelpuffer, Pommes frites und Chips. In dieser Form bringt es die Kartoffel anstatt der sonst gerade 70 kcal/100 g schon einmal auf 250 – 500 kcal/100 g.

Kartoffeln in der Schale

Zubereitung

Kartoffeln gründlich waschen, den DG auf 100 °C vorheizen.

Die Kartoffeln in den gelochten Behälter geben und 55 Minuten dämpfen.

Kartoffeln geschält

Zubereitung

Den DG auf 100 °C vorheizen.

Kartoffeln schälen und in die gewünschte Größe schneiden, auf ein gelochtes Blech legen und 35 Minuten dämpfen.

Gedämpfte Rosmarinkartoffeln mit Sauerrahmdip

Zubereitung

Den DG auf 100 °C vorheizen.

Die Kartoffeln unter Wasser kräftig abbürsten und längs durchschneiden. Auf ein mit Olivenöl bestrichenes, mit Rosmarin bestreutes, ungelochtes Blech legen und im DG 45 Minuten dämpfen.

Den Sauerrahm mit den fein gehackten Kräutern mischen, salzen und pfeffern.

Zutaten

8 mittlere Kartoffeln
2 EL Olivenöl
2 Zweige frischer Rosmarin, gerebelt
500 g Sauerrahm
frische Kräuter, z. B. Petersilie, Schnittlauch, Kresse, Dill, Majoran
Salz, Pfeffer

Kartoffelgnocchi

Zubereitung

Den DG auf 100 °C vorheizen.

Kartoffeln in der Schale ca. 55 Minuten dämpfen, schälen und heiß passieren, etwas auskühlen lassen.

Ei, Parmesan, Muskat darunterrühren, mit Salz abschmecken. Mehl darunter mischen, Teig ca. 30 Minuten ruhen lassen.

Aus dem Teig etwa fingerdicke Rollen formen, in 2 bis 3 cm lange Stücke schneiden und mit Daumendruck über die Zinken einer Gabel rollen.

Die Gnocchi nebeneinander (!) auf ein gelochtes Blech geben und bei 95 °C ca. 8 Minuten dämpfen.

Mit dem gehobelten Parmesan anrichten.

Zutaten

750 g mehlige Kartoffeln
1 Ei
50 g Parmesan, gerieben
1 Prise Muskat
1 ½ TL Salz
225 g Mehl
4 EL Parmesan, gehobelt

Kartoffel-Grießknödel

Zubereitung

Den DG auf 100 °C vorheizen.

Die Kartoffeln waschen, schälen, halbieren und 35 Minuten bei 100 °C dämpfen. Dann passieren. Noch heiß Butter, Eidotter, Mehl, Speisestärke, Grieß, Salz und Pfeffer unterrühren.

Daraus auf einem bemehlten Brett eine Rolle formen, in 8 Stück portionieren und mit bemehlten Händen zu Knödeln formen. Auf ein gelochtes Blech geben und im DG ca. 25 dämpfen.

Nach dem Anrichten mit zerlassener Butter beträufeln. Als Beilage zu feinen Fleischgerichten oder mit Salat als Hauptspeise.

Zutaten

600 g mehlige Kartoffeln, roh
40 g Butter
2 Eidotter
30 g Speisestärke
100 g griffiges Mehl
60 g Grieß
Salz, Pfeffer aus der Mühle
200 g Butter

Kartoffelgnocchi

Kartoffel-Gemüsepuffer mit feinem Topfendip

Zubereitung

Den DG auf 100 °C vorheizen.

Zucchini putzen, Karotten und Kartoffeln schälen. Alles waschen und in Stifte hobeln. Ei und Reismehl unterrühren. Mit Salz und Pfeffer würzen.

Die Masse auf einem geölten, ungelochten Blech flach zu Puffern aufstreichen. Im DG 20 Minuten dämpfen.

Für den Dip Topfen, Schlagobers, Knoblauchzehe, gehackte Petersilie und klein geschnittenen Schnittlauch verrühren. Mit Salz und Pfeffer würzen und mit Kresse anrichten.

Zutaten

150 g Zucchini
150 g Karotten
200 g Kartoffeln
1 Ei
1 EL Reismehl
Salz, Pfeffer
Öl

Topfendip
500 g Magertopfen
75 ml Schlagobers
1 Knoblauchzehe
1 Bd. Petersilie
1 Bd. Schnittlauch
Salz, Pfeffer
Kresse

Reis

Reis stellt seit Jahrtausenden das Grundnahrungsmittel von Milliarden von Menschen dar. Aus ernährungstechnischer Sicht besonders wertvoll ist Naturreis, auch als Vollkornreis bekannt. Dieser wird nach dem Schälen nicht geschliffen und enthält im Gegensatz zum weißen, polierten Reis noch die feine Silberhaut und den Keim. In Naturreis findet man daher ein Vielfaches der wertvollen Vitamine, Mineral- und Ballaststoffe. Wichtig bei der Zubereitung: Naturreis vorher nicht salzen, das verzögert nur unnötig die Garzeit!
Unabhängig von der Sorte sollte Reis nach der Quellreismethode zubereitet werden. Hierbei wird das gesamte beigegebene Wasser von den Reiskörnern wieder aufgenommen und damit auch die durch das Wasser ausgeschwemmten Nährstoffe. Der Dampfgarer ist somit der ideale Reiskocher, auch deshalb, weil der Reis nicht anbrennen kann!

Basmatireis

Zubereitung

Vorheizen 100 °C, Garzeit: 20 Minuten

Zutaten

100 g Reis
250 ml Wasser
Salz

Parboiled Reis

Zubereitung

Vorheizen 100 °C, Garzeit: 25 Minuten

Zutaten

100 g Reis (350 ml)
250 ml Wasser
Salz

Rundkornreis (Milchreis)

Zubereitung

Vorheizen 100 °C, Garzeit: 25 Minuten (30 Minuten in Milch)

Zutaten

100 g Reis (350 ml)
500 ml Wasser (Milch)
Salz

Naturreis oder Dinkelreis

Zubereitung

Vorheizen 100 °C, Garzeit: 40 Minuten (eingeweicht 25)

Zutaten

100 g Naturreis – immer ungesalzen dämpfen
270 ml Wasser

Zucchinirisotto

Zubereitung

Reis mit Salz, Pfeffer und den in feine Ringe geschnittenen Zwiebeln mischen.

Den Wein dazugießen und im Dampfgarer 5 Minuten bei 100 °C dämpfen. Dann mit der Hälfte der Gemüsebrühe aufgießen und weitere 8 Minuten bei 100 °C dämpfen. Den Reis umrühren und die restliche Gemüsebrühe angießen. Jetzt nochmals 10 Minuten dämpfen.

Zucchini in Würfel schneiden, auf ein Garblech geben und die letzten 5 Minuten mitdämpfen. 300 g von den Zucchini und die zerdrückte Knoblauchzehe mit dem Schlagobers fein pürieren und abschmecken, den Rest in Würfel belassen. Zucchinipüree und Zucchiniwürfel unter das Risotto mischen und mit Parmesan und Butter vollenden.

Zutaten

250 g Risottoreis
3 Frühlingszwiebeln
200 ml Riesling
1 l Gemüsebrühe
400 g Zucchini
2 EL Schlagobers
1 Knoblauchzehe
100 g Parmesan, gerieben
50 g Butter (oder Olivenöl)
Salz, Pfeffer

Zucchinirisotto

Nudeln

Pasta – das Leibgericht der Italiener, spielt auch in unserer täglichen Ernährung eine große Rolle. Wer liebt Spaghetti, Lasagne und Co. nicht? Nudeln kochen ist keine große Kunst, allerdings gibt es auch hier ein paar Kleinigkeiten zu beachten. Figurbewusste sollten Nudeln immer „al dente" kochen. Damit bleibt der glykämische Index* niedrig und man braucht keine Sorge zu haben, dass sich jede gegessene Nudel an den Hüften widerspiegelt. Vollkorn- oder Dinkelnudeln sind diesbezüglich auch eine sehr gute Alternative. Aber Achtung! Insbesondere bei Vollkornprodukten sind immer Produkte aus biologischem Anbau zu bevorzugen, da sich Pestizide in den äußeren Schichten des Korns ablagern.

* Der glykämische Index (GI) zeigt an, wie stark ein Nahrungsmittel Blutzucker und Insulinproduktion beeinflusst.

Kärntner Käsnudeln

Zubereitung

Mehl, Ei, Salz und Wasser zu einem geschmeidigen Nudelteig kneten und etwa ½ Stunde rasten lassen.

Kartoffeln kochen, schälen und noch heiß durch eine Kartoffelpresse drücken. Topfen, Salz und Pfeffer sowie die gehackten Kräuter mit dem Ei gut durchmischen. Aus der Masse mit dem Eisportionierer Kugeln abstechen.

Nudelteig dünn auswalken. Auf die Hälfte des Teiges die Kugeln legen, zweite Hälfte darüberschlagen, rundum andrücken und mit einem Glas oder Teigrad ausstechen. Rund um die Kugel nochmals den Teig andrücken (Luft herausdrücken) und den Teigrand (mithilfe einer Gabel) gut verschließen. Anschließend auf ein gelochtes Blech legen und im DG 10 Minuten bei 100 °C dämpfen.

Butter zerlassen und die Käsnudeln damit beträufeln, servieren.

Zutaten

Teig
500 g Dinkelmehl
1 Ei
1 TL Salz
9 EL lauwarmes Wasser

Fülle
400 g Kartoffeln
500 g Bröseltopfen
Salz, Pfeffer
Kerbel, Minze
1 Ei

100 g Butter

Kärntner Käsnudeln

Gemüse-Lasagne

Gemüse-Lasagne

Zubereitung

Das Gemüse in 1 cm große Würfel schneiden und Öl in einer flachen Pfanne erhitzen. Die Gemüsewürfel kurz anbraten, Knoblauch beigeben, aus der Pfanne heben.

Zwiebel in restlichem Öl anschwitzen, mit den passierten Tomaten ablöschen und einige Minuten kochen lassen. Gemüse-Gemisch einrühren, mit Salz, Pfeffer und Oregano gut würzen. Ragout erkalten lassen und Pecorino beimengen.

Eine Auflaufform ausbuttern, mit Lasagneblättern auslegen, ein Drittel der Gemüsemasse darüber verteilen, mit Mozzarellascheiben belegen, mit Lasagneblättern bedecken, den Vorgang wiederholen, bis alle Blätter und das Ragout aufgebraucht sind. Sauerrahm mit Eidotter und geriebenem Käse vermischen, mit Salz und Pfeffer würzen und über die Lasagne verteilen.

45 Minuten bei 100 °C im DG garen. Man kann die Lasagne aber auch einige Stunden vorher zubereiten und später fertigstellen – dann verkürzt sich die Garzeit auf 25 Minuten.

Die Lasagne aus dem DG nehmen und im Ofen bei Grillfunktion und 200 °C 7 Minuten bräunen.

Zutaten

18 Lasagneblätter
600 g Gemüse, z. B. Zucchini, Pilze, Melanzani, Paprika
3 EL Olivenöl
2 Knoblauchzehen, gepresst
80 g Zwiebel
2 l passierte Tomaten
Salz, Pfeffer, frisch gemahlen
Oregano
150 g Pecorino oder Parmesan, gerieben
400 g Mozzarella, in Scheiben geschnitten
Butter für die Form

Guss für die oberste Schicht

¼ l Sauerrahm
3 Eidotter
80 g Pecorino oder Parmesan, gerieben
Salz, Pfeffer

Grundrezept Dinkel-Nudelteig

Zubereitung

Mehl, Salz, Olivenöl, Ei, Eidotter und Wasser zu einem weichen Nudelteig verarbeiten und in Klarsichtfolie ca. ½ Stunde rasten lasten.

Danach die Arbeitsfläche mit Mehl bestäuben und den Teig messerrückendick ausrollen. Die Oberseite vom Teig auch mit Mehl einstäuben, dann zusammenrollen.

Den Teig nun wie Frittaten in der gewünschten Stärke schneiden, auflockern und in heißem Wasser bissfest kochen.

Aus diesem Teig kann man auch frische Lasagneblätter schneiden.

Ein ungelochtes Garblech mit 1 EL Öl und fingerbreit Salzwasser auffüllen, fertigen Nudelteig zu Lasagneblättern schneiden und nebeneinander im auf 100 °C vorgeheizten DG 15 Minuten dämpfen. Danach wie auf Seite 39 beschrieben zur Lasagne fertig verarbeiten.

Zutaten

250 g Vollkorndinkel, gemahlen
2 TL Meersalz
2 EL Olivenöl
1 Ei
1 Eidotter
5 EL lauwarmes Wasser

Getreide

Couscous, Quinoa, Einkorn, Speisehanf ...? Viele haben diese Namen bestenfalls gehört, und jetzt soll man plötzlich damit kochen? Ja! Und zwar sehr gut! Abgesehen von den „alten Bekannten" wie Kartoffeln, Nudeln und Reis stehen noch viele weitere schmackhafte und gesunde Beilagen zur Verfügung. Zeit für neuentdecktes Ur-Altes.
Vor der Zubereitung sollte man Getreide gut unter heißem Wasser waschen. Auf den Körnchen können sich Überreste so genannter Saponine befinden. Diese dienen den Pflanzen als Schutz vor Schädlingen und können durch ihren bitteren Geschmack das eine oder andere Gericht verderben.

Gefüllte Hirsepalatschinke

Zubereitung

Die Butter schmelzen. Alle Zutaten mit dem Schneebesen zu einem flüssigen Teig vermengen und gut durchrühren. Den Teig ca. 15 Minuten rasten lassen.

Danach eine beschichtete Pfanne mit einem Pinsel nur leicht einfetten und die Palatschinken vorsichtig ausbacken.

Die Palatschinken auf einem flachen Teller stapeln, damit diese dann leicht gefüllt werden können.

Den Blattspinat in eine gelochte Garschale geben. Die Hühnerbrust in kleine Stücke (ca. 1 cm groß) schneiden und in die ungelochte Garschale geben. Beide Behälter nun in den auf 100 °C vorgeheizten DG geben und 6 Minuten dämpfen.

Die Hühnerbruststücke zum Spinat geben, mit Salz, Pfeffer und gehacktem oder zerdrücktem Knoblauch würzen und abschmecken.

Die Palatschinken mit der Spinatmasse füllen, fest einrollen und im DG bei 80 °C 5 Minuten ziehen lassen.

Zutaten

Palatschinken
30 g Hirse-Flocken
20 g Dinkelvollkornmehl
250 ml Milch
1 Ei
1 Prise Salz
2 EL Butter
etwas Öl zum Backen

Fülle
300 g Blattspinat, evtl. TK
1 Hühnerbrust
1 Knoblauchzehe
Salz, Pfeffer

Gemüsecouscous

Zubereitung

Den DG auf 100 °C vorheizen.

Das Gemüse putzen und in Würfel schneiden. Im DG 5 Minuten dämpfen.

Währenddessen den Couscous in eine große Schüssel geben, würzen, die gut abgeschmeckte, heiße Gemüsebrühe unterrühren und abdecken. 10 - 15 Minuten quellen lassen.

Anschließend mit einer Gabel auflockern, dabei die kalte Butter zugeben.

Das gedämpfte Gemüse dazugeben, Petersilie und Koriander grob hacken und darüberstreuen.

Das Olivenöl über das fertige Gericht träufeln.

Zutaten

250 g Couscous
1 roter Paprika
1 gelber Paprika
1 große Zucchini
1 große Melanzani
2 Zwiebeln
2 Karotten
Rosmarin, Meersalz
500 ml Gemüsebrühe
100 g Butter
Petersilie, Koriandergrün
1 EL Olivenöl

Hirse-Gemüselaibchen

Zubereitung

Hirse sorgfältig abspülen und in einen ungelochten Behälter geben. Mit Wasser aufgießen und im auf 100 °C vorgeheizten DG 10 Minuten dämpfen. Das klein geschnittene Gemüse, die Knoblauchzehe sowie die Kräuter dazugeben, würzen und nochmals 12 Minuten dämpfen.

Das Ei zur Masse geben und 12 Laibchen formen.

Ein ungelochtes Garblech mit Olivenöl auspinseln, die Laibchen darauflegen und im DG bei 100 °C 15 Minuten dämpfen.

Wer es gerne knusprig hat, bräunt die Laibchen im Backrohr bei Grillfunktion, ca. 5 Minuten lang bei 200 °C.

Zutaten

1 ½ Tassen Goldhirse
½ l Wasser
3 EL Karotten
2 EL Sellerie
2 EL Zwiebel
2 EL Lauch
2 EL grüner Paprika
2 EL roter Paprika
1 Knoblauchzehe, zerdrückt
½ TL Oregano
½ TL Basilikum
1 EL Petersilie, gehackt
½ TL Meersalz, Pfeffer
1 Ei

Couscous-Wirsingroulade

Zutaten

1 Wirsingkohl
100 g Couscous
200 ml Gemüsebrühe
50 g Paprika rot
50 g Paprika grün
50 g Butter
1 Ei
Salz, Pfeffer
2 EL Olivenöl

Zubereitung

Kohl putzen und im Ganzen etwa 10 Minuten im DG bei 100 °C dämpfen. Die äußeren Blätter des Kohls ablösen. Die mittleren, dicken Blattrippen der abgelösten Blätter keilförmig wegschneiden. Kohlblätter im DG nochmals etwa 5 Minuten dämpfen.

Danach in Eiswasser abschrecken.

Den Couscous mit der heißen, gut gewürzten Gemüsebrühe übergießen, 1 EL Olivenöl dazugeben und 10 – 15 Minuten ziehen lassen.

Die Paprika in kleine Würfel schneiden und in etwas Butter sautieren.

Das Ei, Salz und Pfeffer in den noch warmen Couscous einrühren und die Paprikawürfel dazugeben. Mit dem Kochlöffel verrühren, bis ein gute Bindung entsteht.

Ein Kohlblatt auflegen, einen Esslöffel Fülle daraufgeben und wie eine Roulade zusammenrollen.

Die Kohlroulade mit dem Wickelende nach unten auf eine ungelochte, mit dem restlichen Olivenöl ausgepinselte Garschale geben und im DG bei 100 °C ca. 30 Minuten dämpfen.

Couscous-Wirsingroulade

Mit Quinoa gefüllte Tomaten

Zubereitung

Quinoa und Wasser in eine ungelochte Garschale geben und im auf 100 °C vorgeheizten DG 25 Minuten dämpfen. Aus dem DG nehmen und 5 Minuten quellen lassen.

Tomaten waschen, den Deckel abschneiden, aushöhlen.

Zwiebel, Knoblauch und Karotte kleinschneiden, Petersilie hacken. Alles in heißem Öl andünsten. Quinoa zugeben, mit Crème fraîche und zwei Dritteln des Käses vermischen. Mit Meersalz und Pfeffer abschmecken.

Die Masse in die ausgehöhlten Tomaten geben. Mit dem restlichen Käse bestreuen.

Die gefüllten Tomaten in eine ausgefettete, ungelochte Garschale geben und im vorgeheizten DG bei 100 °C ca. 20 Minuten dämpfen.

Zutaten

150 g Quinoa
300 ml Wasser
8 große Tomaten
1 Zwiebel
1 Knoblauchzehe
1 Karotte
Petersilie
2 EL Olivenöl
½ Becher Crème fraîche
80 Bergkäse, gerieben
Meersalz, Pfeffer

Mit Quinoa gefüllte Tomaten

Bohneneintopf mit Gerste und Thymian

Bohneneintopf mit Gerste und Thymian

Zutaten

300 g Weiße Bohnen
300 g Wachtelbohnen
300 g Käferbohnen
100 g Gerste
200 g Bauchspeck
150 g Zwiebeln
2 EL Öl
500 ml Gemüsebrühe, gut gewürzt
Salz, Pfeffer
Thymian
Knoblauch

Zubereitung

Die Bohnen über Nacht einweichen, das Einweichwasser abschütten und die Bohnen in einen ungelochten Garbehälter geben, mit doppelter Menge Wasser auffüllen.

Die Gerste abspülen, in einen ungelochten Garbehälter geben und ebenfalls mit doppelter Menge Wasser aufgießen.

Alles im DG bei 100 °C gut 1 Stunde dämpfen.

Speck klein würfeln. Zwiebeln schälen, fein schneiden und in Öl anschwitzen. Speck zugeben, kurz mitrösten, mit Brühe aufgießen. Bohnen und Gerste zugeben, mit Salz und Pfeffer, Thymian und Knoblauch würzen.

Eintopf einmal aufkochen und abschmecken.

Gemüse-Einkornsalat

Zubereitung

Einkorn mit der Gemüsebrühe im vorgeheizten Dampfgarer bei 100 °C 8 Minuten dämpfen. (Die Garzeit mit dem Gemüse beträgt insgesamt 17 Minuten.)

In der Zwischenzeit das Gemüse waschen und putzen.

Karotten und Kohlrabi schälen und in kleine Würfel schneiden. In einer gelochten DG-Schale ca. 5 Minuten dämpfen.

Zucchini ebenfalls in Würfel schneiden, Brokkoli in Röschen teilen und beides für weitere 4 Minuten zum Gemüse geben.

Für die Marinade Joghurt, Honig, Olivenöl, Salz, Petersilie und Basilikum vermengen und das Gemüse damit beträufeln.

Zutaten

50 g Einkorn
120 ml Gemüsebrühe
100 g Karotten
100 g Kohlrabi
1 Zucchini
1 Brokkoli (klein)

Marinade

6 EL Joghurt
1 EL Honig
4 EL Olivenöl
Salz
Petersilie, Basilikum

Gemüse-Einkornsalat

Polenta

Der Begriff Polenta, auch bekannt als Maisgrieß oder Sterz, lässt bei manch einem vielleicht Kindheitserinnerungen wach werden. In Kaffee oder Kakao „ertränkt" ist sie wohl nicht jedermanns Sache. Richtig zubereitet, kann Polenta, ob als Beilage oder Hauptgericht, zu einer wirklichen Gaumenfreude werden. Wie auch Kartoffeln, Reis, Hirse, Buchweizen, Quinoa und Amaranth, um nur einige zu nennen, ist Polenta vollkommen glutenfrei.
Wichtig ist, egal ob süß oder pikant, bei Polenta niemals das Salz zu vergessen!

Polenta natur

Zubereitung

In einen ungelochten Garbehälter das heiße Wasser eingießen, salzen und das Öl zugeben. Den Mais einrühren, Parmesan beigeben und im vorgeheizten DG bei 100 °C ca. 18 Minuten dämpfen.

Zutaten

250 g Maisgrieß
500 ml Wasser oder Gemüsebrühe
1 TL Salz
1 EL Olivenöl
50 g Parmesan, frisch gerieben

Polentaschmarren

Zubereitung

In einen ungelochten Garbehälter die Gemüsebrühe eingießen, salzen und das Öl zugeben. Den Mais einrühren und im vorgeheizten DG bei 100 °C ca. 18 Minuten dämpfen. Den Mais aus dem DG nehmen, kurz überkühlen und die Eier einrühren.

In einer Pfanne Butter erhitzen. Polenta in die Pfanne geben und in der Butter knusprig backen, danach wie bei einem Kaiserschmarren etwas zerpflücken.

Zutaten

300 ml Gemüsebrühe oder Wasser
½ TL Salz
1 EL Öl
140 g feiner Maisgrieß
2 Eier
2 EL Butter

Scharfes Polenta-Gemüsegröstl

Zubereitung

In einen ungelochten Garbehälter die Gemüsebrühe eingießen, salzen und 2 EL Öl zugeben. Den Mais einrühren und im vorgeheizten DG bei 100 °C ca. 18 Minuten dämpfen.

Das Gemüse in kleine Würfel schneiden.

Den Peperoncino aufschneiden, ausschaben und in kleine Streifen schneiden.

In einer Pfanne 1 EL Olivenöl erhitzen, den Thymianzweig hinzugeben, das Gemüse anschwitzen und mit der zerpflückten Polenta knusprig braten. Peperoncino zu dem Gröstl geben, anrichten und mit dem Parmesan bestreuen.

Zutaten

140 g feiner Maisgrieß
300 ml Gemüsebrühe oder Wasser
Salz
3 EL Olivenöl
1 Zucchini
1 roter Paprika
1 Zwiebel
1 Karotte
1 Peperoncino
frischer Thymianzweig
50 g Parmesan, frisch gerieben

Polenta-Sauerrahm-Medaillons

Zubereitung

In einen ungelochten Garbehälter die Gemüsebrühe eingießen, salzen und 1 EL Olivenöl zugeben. Den Mais einrühren und im vorgeheizten DG bei 100 °C ca. 18 Minuten dämpfen.

Polenta mit Sauerrahm und geriebenem Parmesan vermischen. Mit nassen Händen Medaillons formen und auf eine ungelochte, mit dem restlichen Olivenöl ausgestrichene Garform legen.

Die Medaillons im DG bei 100 °C 10 Minuten dämpfen.

Zutaten

250 g Maisgrieß
500 ml Gemüsebrühe oder Wasser
1 TL Salz
2 EL Olivenöl
2 EL Sauerrahm
50 g Parmesan, frisch gerieben

Hülsenfrüchte

Hülsenfrüchte sind wahre Multitalente in puncto gesunder Ernährung. Bohnen, Linsen & Co. zeichnen sich besonders durch ihren hohen Anteil an pflanzlichem Eiweiß aus. Leider kommen sie viel zu selten auf den Teller: „Jedes Böhnchen ein Tönchen", sagt man. Die Angst vor unerwünschten Nebenwirkungen lässt uns oft ganz auf dieses wertvolle Lebensmittel verzichten.
Dabei gibt es ein paar einfache Tipps und Tricks, wie Hülsenfrüchte gleich um ein Vielfaches bekömmlicher werden. Wichtig ist, das Einweichwasser immer abzugießen und die Hülsenfrüchte danach gründlich zu spülen. Allein dadurch entfernt man einen Großteil der blähenden Inhaltsstoffe. Hilfreich ist auch die Zugabe von Gewürzen, wie z. B. Kümmel, Bohnenkraut, Fenchel, Ingwer, Nelken, Koriander, Majoran, Thymian, Anis, Schabzigerklee oder auch Senf.

Käferbohnen

Zubereitung

Die Bohnen über Nacht einweichen, das Einweichwasser abschütten und die Bohnen in einen ungelochten Garbehälter geben, mit doppelter Menge Wasser auffüllen.

Im DG bei 100 °C gut 1 Stunde dämpfen und beliebig weiter verwenden.

Zutaten

Käferbohnen, trocken
Wasser

Grüne Bohnen

Zubereitung

Die Grünen Bohnen waschen und putzen, in Stücke schneiden oder ganz lassen. In einen gelochten Garbehälter geben und im DG bei 100 °C 25 Minuten dämpfen. Grüne Bohnen beliebig weiter verwenden.

Zutaten

Grüne Bohnen, frisch oder TK

Erbsen natur

Zubereitung

Den DG auf 100 °C vorheizen und die Erbsen auf eine gelochte Garschale geben. Im DG 4 Minuten dämpfen und beliebig weiter verwenden.

Zutaten

frische, ausgelöste Erbsen oder TK

Buntes Linsenragout

Zubereitung

Die Linsen über Nacht einweichen, am nächsten Tag Wasser abschütten. Linsen in einen ungelochten Behälter geben und mit der doppelten Menge Wasser auffüllen. Im vorgeheizten Dampfgarer bei 100 °C 45 Minuten dämpfen.

Suppengemüse putzen und waschen. Karotten, Sellerie und Petersilienwurzel in Würfel, Lauch in Ringe schneiden. (Selleriegrün waschen und hacken.) Öl in einem Topf erhitzen. Gemüse darin anschwitzen, mit der Gemüsebrühe aufgießen und ca. 10 Minuten in der Brühe garen.

Linsen zum Gemüse geben und alles ca. 5 Minuten köcheln lassen. Eintopf würzen, den Knoblauch dazugeben und abschmecken. Mit Petersilie bestreuen.

Dazu passt herzhaftes Roggenbrot.

Zutaten

200 g Linsen
Wasser
1 Bd. Suppengemüse (Karotten, Sellerie, Petersilie, Lauch etc.)
3 EL Rapsöl
750 ml Gemüsebrühe
Salz, Pfeffer
Knoblauch, gehackt
Petersilie, gehackt

Kichererbsen-Gemüseallerlei

Zubereitung

Den DG auf 100 °C vorheizen.

Die getrockneten Kichererbsen über Nacht in Wasser einweichen. Am nächsten Tag das Wasser erneuern und die Kichererbsen zusammen mit gekörnter Gemüsebrühe in einen ungelochten Behälter geben und im vorgeheizten DG 35 Minuten dämpfen.

Das Gemüse waschen und putzen, die Kartoffeln schälen und alles in Würfel schneiden; Pilze säubern, nicht zu klein schneiden. Das Ganze zu den Kichererbsen geben, würzen, Knoblauch beifügen und 20 - 30 Minuten bei 100 °C dämpfen.

Petersilie fein hacken und über das fertige Gericht streuen.

Zutaten

200 g Kichererbsen, getrocknet
Wasser
1 Msp. gekörnte Gemüsebrühe
1 Zwiebel
3 Karotten
2 Kartoffeln
½ Stange Lauch
300 g Pilze (z.B. Steinpilze oder Eierschwammerl)
Salz, Pfeffer
roter Curry
½ TL Knoblauch, gehackt
½ Bd. Petersilie

Knödel

Knödel wollen oft nicht so recht gelingen – entweder sie werden zu hart, zu glitschig oder zerfallen ganz im kochenden Wasser. Die gute Nachricht für alle Dampfgarer-Fans: Von jetzt an werden Knödel nur mehr flaumig, weich und außerdem schnell fertig! Knödel müssen auch nicht immer zusammen mit Schweinsbraten serviert werden. Einen Versuch wert sind beispielsweise Kartoffelgrießknödel auf gemischten Blattsalaten oder ein Kaspressknödel auf buntem Gemüse oder Blattspinat.

Semmelknödel

Zubereitung

Die Semmelwürfel in eine Schüssel geben, Milch und Butter erwärmen (Dampfgarer 100 °C, 3 Minuten) und über die Semmelknödel gießen.

Eier, Petersilie dazugeben und untermischen. Die Semmelknödelmasse mit Salz, Pfeffer würzen. Die Masse ca. 10 Minuten ziehen lassen.

Aus der Semmelknödelmasse 12 Knödel formen, nebeneinander in einen gefetteten, gelochten Garbehälter geben und 20 Minuten bei 100 °C dämpfen.

Zutaten

400 g Semmelwürfel
100 g Butter
250 - 500 ml Milch (je nach Bedarf)
4 Eier
1 EL Petersilie, gehackt
Salz, Pfeffer
1 EL Öl

Semmelknödel

Kaspressknödel

Kaspressknödel

Zubereitung

Den DG auf 100 °C vorheizen.

Die Semmelwürfel salzen, die Eier mit der Milch versprudeln und darübergießen. Gut durchmischen und ca. 10 Minuten ziehen lassen.

Die Zwiebel in der Butter anschwitzen und mit der gehackten Petersilie und dem geriebenen Käse zu den Semmelwürfeln geben.

Knödel formen, etwas flach drücken und im DG bei 100 °C 18 Minuten dämpfen.

Mit zerlassener Butter und grünem Salat servieren. Ideal auch als Suppeneinlage.

Zutaten

250 g Semmelwürfel
Salz
250 ml Milch
2 – 3 Eier
1 Zwiebel, gehackt
50 g Butter
frische Petersilie
250 g Bergkäse

Tomatenknödel

Zubereitung

Die Semmelwürfel in eine Schüssel geben.

Milch, Butter und Tomatenmark im Dampfgarer bei 100 °C 3 Minuten erwärmen und über die Semmelwürfel gießen. Eier dazugeben. Die Semmelknödelmasse mit Salz und Pfeffer würzen und ca. 10 Minuten ziehen lassen.

Anschließend mit nassen Händen 12 Knödel formen und in einen geölten, gelochten Garbehälter geben. Im DG bei 100 °C 20 Minuten dämpfen.

Als Beilage zu Kurzgebratenem oder als Hauptspeise mit zerlassener Butter und grünem Salat angerichtet.

Zutaten

400 g Semmelwürfel
250 – 500 ml Milch (je nach Bedarf)
100 g Butter
2 EL Tomatenmark
4 Eier
Salz, Pfeffer
1 EL Öl

Serviettenknödel

Zubereitung

Zwiebel in 1 EL Butter anlaufen lassen. Die Semmelwürfel mit Milch übergießen, salzen und durchmischen. Die restliche Butter schaumig rühren. Mit frisch geriebener Muskatnuss würzen.

Die Eier locker verrühren und nach und nach zur Butter geben. Die Butter-Ei-Mischung und die Zwiebeln unter die Semmelwürfel mengen und alles gut durcharbeiten. Die Masse leicht zusammendrücken und ½ Stunde ziehen lassen.

Dann die Knödelmasse in zwei Hälften teilen und jeweils zu einer 6 cm dicken Rolle formen. Jede Rolle in eine Klarsichtfolie wickeln, diese mit einer Nadel mehrmals einstechen. Die Enden verschließen und im DG bei 100 °C 17 Minuten dämpfen.

Wer keine Frischhaltefolie zu Hause hat, kann die Knödelmasse mit nassen Händen einfach auf einer geölten, ungelochten Garschale zu einer Rolle formen und wie oben angegeben dämpfen.

Zutaten

400 g Semmelwürfel
500 ml Milch
Salz
130 g Butter (weich)
60 g Zwiebel, fein gehackt
Muskatnuss
5 Eier

Terrine, Flan, Soufflé

Himmlisch-flaumige Genüsse für die besonderen Momente des Lebens. Damit kann man Gäste richtig „einkochen". Die hier ausgesuchten Rezepte sind so genannte Klassiker. Der Kreativität und Fantasie sind aber keine Grenzen gesetzt, experimentieren ist erlaubt! Ob mit Gemüse, Fleisch (vor allem Wild), aber auch mit Fisch und Meeresfrüchten, im Dampfgarer gelingen Terrinen und Soufflés sicher.

Grießauflauf

Zubereitung

Milch, Salz, Vanillezucker und Orangenschale aufkochen. Den Grieß einrühren und so lange kochen lassen, bis die Masse dicklich wird.

Die Eier trennen. Die Eiklar mit 1 EL Zucker zu Schnee schlagen. Butter, restlichen Zucker und Eidotter schaumig rühren. Den Grießbrei untermengen. Den Schnee unterziehen.

Den DG auf 100 °C vorheizen, eine Auflaufform mit Butter ausstreichen und mit Bröseln bestreuen. Die Grießmasse einfüllen und im DG 35 Minuten dämpfen.

Dazu passen Zwetschkenröster oder Wildpreiselbeeren.

Zutaten

500 ml Milch
1 Prise Salz
1 TL Vanillezucker
unbehandelte Orangenschale, gerieben
100 g Grieß
3 Eier
60 g Butter
50 g Zucker
Butter und Brösel für die Form

Spinat-Pilzterrine

Spinat-Pilzterrine

Zubereitung

Den geputzten Spinat in einen gelochten Einsatz geben. Dampfgarer auf 90 °C vorheizen. Danach den Spinat 1 Minute andämpfen.

Spinat kalt schwemmen, in einem Sieb abtropfen lassen, ausdrücken und grob schneiden.

Pilze säubern, kleine im Ganzen lassen, größere halbieren. Frühlingszwiebeln in Ringe schneiden. Alles mit den gewürfelten Karotten in einem gelochten Einsatz im vorgeheizten DG bei 100 °C ca. 6 Minuten dämpfen.

Terrinenform oder Kaffeetassen mit Butter ausstreichen oder mit Klarsichtfolie auslegen, das Gemüse einfüllen.

Die Eier mit der Butter schaumig rühren. Schlagobers, Gemüsebrühe und Parmesan untermischen, mit Petersilie, Zitronenschale, Muskat, Piment, Pfeffer und Salz abschmecken und in die Form gießen. Diese auf den Rost stellen.

Die Terrine im vorgeheizten Dampfgarer bei 95 °C 20 Minuten garen.

Zutaten

150 g frischer Spinat
100 g Pilze (Eierschwammerl oder Steinpilze)
2 Frühlingszwiebeln
1 Karotte

3 Eier
1 EL Butter
80 ml Schlagobers
80 ml Gemüsebrühe
30 g Parmesan, gerieben
1 EL Petersilie, gehackt
unbehandelte Zitronenschale, gerieben
Muskat
Piment
Salz, Pfeffer

Gemüsesoufflé

Zubereitung

Den DG auf 100 °C vorheizen.

Gemüse waschen bzw. schälen und in kleine Würfel schneiden. Auf einen gelochten Einsatz geben und ca. 6 Minuten dämpfen.

Gemüse abtropfen lassen, in einen Rührbecher geben, den Schlagobers beifügen und mit dem Pürierstab zerkleinern. Eier, Eidotter, etwas Muskatnuss und Salz sowie gekörnte Gemüsebrühe dazugeben und unter die Gemüse-Schlagobersmasse rühren.

Kleine Auflaufförmchen, oder auch ein Muffinblech, gut einfetten, Gemüsebrei aufteilen.

Im DG bei 95 °C 35 Minuten dämpfen.

Mit einem scharfen, kleinen Messer die Gemüsetörtchen aus der Form nehmen und anrichten.

Zutaten

400 g Zucchini
(alternativ Brokkoli, Karotten, Sellerie oder ein Mix aus allem)
2 Eier
2 Eidotter
4 EL Schlagobers
Muskatnuss
Salz
gekörnte Gemüsebrühe zum Würzen
Butter für die Formen

Gemüsesoufflé

Brot und Gebäck

Beim nächsten Sonntagsfrühstück wird die ganze Familie mit dem herrlichen Duft selbstgemachter Brötchen aus dem Bett gelockt. Und das Beste dabei, keiner muss dafür schon Stunden früher aufstehen, denn die Brötchen lassen sich ganz leicht vorbereiten.

Den Teig nach Anleitung zubereiten und die Brötchen im Dampfgarer für nur 15 Minuten gehen lassen. Danach gut auskühlen lassen und über Nacht, in Frischhaltefolie gewickelt, in den Kühlschrank geben. Am nächsten Morgen genügen ca. 8 Minuten im vorgeheizten Backrohr bei 180 °C und, voilà, fertig sind die knusprig frischen Sonntagsbrötchen.

Knuspriges Hanf-Kleingebäck

Zubereitung

Den DG auf 40 °C vorheizen.

Backrohr auf 190 °C vorheizen.

Dinkelmehl, Trockenhefe und Salz mischen, mit der Milch zu einem homogenen Teig kneten. Aus dem Teig gleichmäßige, kleine Laibchen (ca. 60 g pro Stück) formen, auf ein geöltes Garblech legen. Mit der lauwarmen Milch bestreichen und mit den Hanfnüssen bestreuen.

Ca. 30 Minuten bei 40 °C im DG gehen lassen.

Danach schiebt man das Gebäck in das Backrohr und bäckt es bei 190 °C in 20 Minuten fertig.

Zutaten

500 g Vollkorndinkelmehl
1 Pkg. Trockenhefe
Salz
⅜ l lauwarme Milch
1 EL Öl

Kruste
50 g lauwarme Milch
50 g Biohanfnüsse, geschält

Knuspriges Hanf-Kleingebäck

Weißbrot und Dinkelbrot

Dinkelbrot

Zutaten

650 g Vollkorndinkelmehl
1 Pkg. Trockenhefe
1 EL Brotgewürz
1 TL brauner Zucker
Salz
500 ml lauwarmes Wasser
2 EL Öl zum Befetten

Zubereitung

Den DG auf 40 °C vorheizen.

Backrohr auf 190 °C vorheizen.

Das Mehl sollte Zimmertemperatur haben und wird mit Trockenhefe, Brotgewürz, Zucker und Salz vermischt. Das Wasser dazugeben. Vorsicht bei der Wassermenge – Mehle sind von Mühle zu Mühle verschieden. Es empfiehlt sich, nicht alles auf einmal dazuzugeben, sondern erst einmal die Konsistenz zu prüfen und nach Bedarf nachzugießen.

Das Brot gut kneten, es sollte im Inneren gleich temperiert sein wie außen.

Das Brot in einer gut befetteten Brotform oder einer Königskuchenform bei 40 °C im DG ca. 20 Minuten gehen lassen.

Danach schiebt man das Brot in das Backrohr und bäckt es bei 190 °C 55 Minuten fertig.

Weißbrot

Zutaten

500 g Mehl
375 ml lauwarmes Wasser
1 Pkg. Trockenhefe
3 EL Olivenöl
1 TL Salz
2 EL Olivenöl
etwas Wasser

Zubereitung

Den DG auf 40 °C vorheizen.

Das Backrohr auf 190 °C vorheizen.

Wasser mit Hefe mischen. 3 EL Olivenöl und Salz dazugeben.

Mehl in eine große Rührschüssel geben und die Flüssigkeit dazugeben. Alles zu einem festen Teig kneten. Mit Mehl bestäuben und im DG bei 40 °C ca. 20 Minuten gehen lassen.

Danach Teig noch einmal durchkneten und in eine geölte Brotform geben. Teig noch einmal 10 Minuten im DG bei 40 °C gehen lassen. Dann mit Wasser bestreichen, damit er eine schöne Kruste bekommt.

Schließlich schiebt man das Brot in das Backrohr und bäckt es bei 190 °C in 35 Minuten fertig.

Würste

Keine Frage, Würste gehören sicher nicht zu den Nahrungsmitteln, die jeden Tag auf dem Speiseplan stehen sollten. Dennoch, wenn einen ab und zu die Lust auf ein Paar Frankfurter oder eine Selchwurst packt, sollte man sich diese auch gönnen. Ganz ohne schlechtes Gewissen!
Die Zubereitung von Würsten im Dampfgarer geht nicht nur schnell, durch die exakte Temperaturregelung kommt es auch nicht zum Aufplatzen von Würsten, wie es im kochenden Wasser doch des Öfteren der Fall ist.

Brühwürste

Zutaten

Frankfurter,
Wiener Würste oder
Selchwürste

Zubereitung

Den DG auf 95 °C vorheizen.

Frankfurter oder Wiener Würste bei 95 °C 5 Minuten dämpfen.

Selchwürste bei 95 °C 25 Minuten dämpfen.

Frankfurter

Leberwurst im Glas

Zubereitung

Twist-off-Gläser im auf 100 °C erwärmten DG dämpfen (entkeimen).

Den Schweinsbauch 1,5 Stunden in Salzwasser sehr weich kochen, Pfefferkörner, Lorbeerblatt beigeben und im Sud abkühlen lassen.

Zwiebeln, Speck fein würfeln und im Schmalz glasig anrösten, die in grobe Stücke geschnittene Leber dazugeben und weiterrösten.

Apfel aufhobeln und dazugeben, nochmals kurz durchrösten und erkalten lassen.

Dann Fleisch und Lebergemisch fein faschieren. Mit Knoblauch, Majoran, Salz und Pfeffer würzen, Honig dazugeben und nochmals gut durchrühren.

Sofort in die vorbereiteten Gläser füllen (nur 2/3 des Glases füllen!), fest verschließen und 40 Minuten bei 95 °C im Dampfgarer einkochen.

Gläser herausnehmen, auf ein Tuch stellen und erkalten lassen. Bei kühler Lagerung ist die Leberwurst mindestens 2 Monate haltbar.

Zutaten

800 g Schweinsbauch oder -goder
8 Pfefferkörner
1 Lorbeerblatt
100 g Zwiebel
150 g Bauchspeck
200 g Kalbs- oder Schweinsleber
80 g Schweineschmalz
½ Apfel entkernt, geschält
Knoblauch
Majoran
Salz, Pfeffer
½ TL Honig
5 Twist-off-Gläser à 500 ml

Varianten

Kräuter, Schinkenwürfel oder Gänseschmalz beigeben

FISCH und FLEISCH

Meeresfisch und Meeresfrüchte

Meeresfisch stellt einerseits eine sehr gute Quelle für tierisches Eiweiß dar, er enthält unter anderem mehrfach ungesättigte Fettsäuren, wie Omega-3 und das lebensnotwendige Jod. Dem gegenüber stehen andererseits Überfischung, schlechte Qualität von Zuchtfischen und hohe Schadstoffbelastung.

Um sicherzugehen, dass man auch wirklich qualitativ hochwertigen Fisch kauft, der nicht vom Aussterben bedroht ist und mit Antibiotika und Chemikalien behandelt wurde, ist beim Kauf darauf zu achten, dass dieser das MSC*-Gütesiegel trägt oder zumindest aus Biozuchtanlagen stammt. Dann steht dem Genuss dieser wohlschmeckenden Delikatessen nichts mehr im Wege!

* Marine Stewardship Council

Kartoffeln-Krabben-Terrine

Zubereitung

Den DG auf 100 °C vorheizen.

Die Kartoffeln waschen und mit der Schale im DG 50 Minuten dämpfen. Danach die Kartoffeln schälen und mit einem groben Reibeisen in eine Schüssel reiben.

Sauerrahm, Salz, Muskat dazugeben und locker vermengen. Die Krabben unter die Kartoffeln mischen.

Dariolförmchen oder Kaffeetassen mit Butter gut ausfetten und die Kartoffel-Krabbenmasse einfüllen.

Im DG bei 100 °C 15 Minuten dämpfen.

Zutaten

500 g mehlige Kartoffeln
150 g Nordseekrabben, geschält
3 EL Sauerrahm
Salz, Muskat
Butter für die Form

Kartoffeln-Krabben-Terrine

Fischvariation an Safransauce und Wildreis

Fischvariation an Safransauce und Wildreis

Zubereitung

Den DG auf 100 °C vorheizen.

Für die Safransauce den Weißwein aufkochen, auf etwa die Hälfte der ursprünglichen Menge einkochen, Gemüsebrühe und Safranfäden beigeben. Kurz köcheln lassen und mit Schlagobers aufgießen. Mit dem Stabmixer einige kalte Butterflocken einarbeiten. Mit Salz und Pfeffer abschmecken.

Für den Wildreis in einem Behälter 1,2 l Salzwasser geben und die Butter dazugeben. Den gewaschenen Reis zufügen, würzen und im DG 20 Minuten dämpfen.

Die Fischfilets mit Salz, Pfeffer und Zitronensaft würzen, anschließend teilen, so dass für jede Portion die gleiche Variation zur Verfügung steht.

Einen ungelochten Garbeälter mit Olivenöl ausstreichen, die Fischfilets darauflegen und im DG bei 95 °C 4 Minuten dämpfen.

Ein Fischfilet mit geschältem Hanfsamen bestreuen. Hanf und Fisch vertragen sich geschmacklich besonders gut und sind ernährungsphysiologisch sehr wertvoll.

Geschälte Hanfsamen geben auch Fleisch jeglicher Art eine schöne Kruste.

Zutaten

800 g verschiedene Fischfilets
(z. B. Scholle, Lachs, Branzin)
2 EL Olivenöl
Salz, Pfeffer
Zitronensaft

600 g Wildreis
1 EL Butter
Salz

1/16 l Weißwein
3 EL Gemüsebrühe
½ Päckchen Safranfäden
(= 1 Messerspitze)
100 g Schlagobers
2 EL Butter
Salz, Pfeffer

Fisch-Mangoldröllchen an asiatischen Nudeln

Zutaten

400 g Fischfilet
(weißfleischiges, z. B. Petersfisch, Kabeljau, Scholle etc.)
Salz, Pfeffer
Zitronensaft
1 EL Öl
1 Knoblauchzehe
3 EL Reismehl
1 Ei
1 Mangold
1 Pkg. asiatische Nudeln

Zubereitung

Den DG auf 100 °C vorheizen.

Vom gewaschenen Mangold die großen Blätter abnehmen und im DG 4 Minuten dämpfen.

Danach eiskalt abschwemmen und die groben Stiele ausschneiden.

Die Fischfilets würzen, auf ein ungelochtes, geöltes Garblech legen und im DG 6 Minuten dämpfen.

Die Fischfilets mit einer Gabel zerdrücken, noch einmal abschmecken, gehackten Knoblauch beifügen, mit dem Reismehl und dem Ei vermischen.

Die großen Mangoldblätter auflegen, einen Teil der Fischfarce daraufgeben und wie eine Roulade zusammendrehen. Mit allen Mangoldblättern so verfahren, bis die Fischfarce verbraucht ist.

Die Nudeln auf ein ungelochtes Blech legen. 500 ml Salzwasser einfüllen und die Nudeln 5 Minuten dämpfen.

Die Fisch-Mangoldröllchen schräg durchschneiden und auf die Nudeln setzen.

Fisch-Mangoldröllchen an asiatischen Nudeln

Gefüllte Schollenröllchen auf Gemüsereis

Muschelpfanne à la Fritz

Gedämpfte Riesengarnelen auf Rucola

Gedämpfte Riesengarnelen auf Rucola

Zubereitung

Den DG auf 85 °C vorheizen.

Garnelen aus den Karkassen brechen und den Darm herausziehen. In einen geschlossenen Garbehälter legen, mit Salz, Zitrone und Olivenöl würzen und im DG 2 Minuten garen.

Knoblauch und Kapernbeeren hacken, dazugeben und eine weitere Minute mitgaren.

Weißwein, Balsamico und Fischfond in einem Topf reduzieren. Mit dem in kaltem Wasser angerührten Stärkemehl binden und mit Salz und Cayennepfeffer würzen.

Die Garnelen mit der Sauce und frischem Rucola auf Tellern anrichten und mit gehackten Kräutern und gerösteten Pinienkernen bestreuen.

Zutaten

12 Riesengarnelen
Salz
½ Zitrone (Saft)
1 EL Olivenöl
2 Knoblauchzehen
2 Kapernbeeren
¼ l trockener Weißwein
1 TL Balsamicoessig
½ l Fischfond, gekauft oder selbst gemacht
1 TL Stärkemehl (zum Binden)
Salz, Cayennepfeffer
1 Handvoll Rucola
Basilikum, Oregano
60 g Pinienkerne

Süßwasserfisch

Es gibt mehrere tausend Arten von Süßwasserfischen – sehr viele davon sind zum Verzehr geeignet. Zu den beliebtesten heimischen Arten gehören Forelle, Saibling, Zander und Reinanke. Sie alle sind reich an tierischem Eiweiß und Spurenelementen und, kombiniert mit frischen Kräutern, eine ideale Alternative zu Fleisch.
Frischfisch muss immer kühl gelagert werden. Frischemerkmale sind klare Augen, die Farbe der Kiemen (sie sollten nicht fahl oder grau erscheinen) und der Geruch.

Gedämpfte Forelle mit Petersilienkartoffeln

Zubereitung

Den DG auf 100 °C vorheizen.

Die gewaschenen, ungeschälten Kartoffeln auf eine gelochte Garschale geben und 40 Minuten dämpfen.

Die gesäuberten Fische innen und außen mit Salz, Pfeffer und Zitronensaft würzen, auf eine ungelochte Garschale geben und zu den Kartoffeln in den DG geben. Gemeinsam noch 15 Minuten dämpfen.

Die Kartoffeln schälen, in Spalten schneiden und salzen. In der heißen Butter mit der gehackten Petersilie schwenken.

Die Kartoffeln auf den Teller geben, den Fisch daneben platzieren und mit der übrigen Butter (aus der Pfanne) übergießen.

Zutaten

4 frische Forellen im Ganzen
600 g Kartoffeln
100 g zerlassene Butter
4 EL Petersilie, gehackt
Salz, Pfeffer
1 EL Zitronensaft

Gedämpfte Forelle mit Petersilienkartoffeln

Hecht mit Gemüsespaghetti

Hecht mit Gemüsespaghetti

Zubereitung

Den DG auf 100 °C vorheizen.

Beim Dämpfen der Spaghetti im Dampfgarer ist es wichtig, dass diese in einer möglichst breiten Garschale gegart werden und mindestens zu 3 cm mit Wasser bedeckt sind. Außerdem dürfen nicht zu viele übereinander liegen, da sie sonst zusammenkleben.

Die Garzeit entspricht dem Packungshinweis plus 3 Minuten. Danach die Spaghetti abseihen, mit etwas Olivenöl und Salz mischen.

Das Gemüse waschen, putzen und in längliche, dünne Streifen schneiden. Diese in eine gelochte Garschale geben, salzen und 3 Minuten dämpfen.

Anschließend gemeinsam mit den Spaghetti in einer ungelochten Garschale vermengen und die fein gehackten, frischen Kräuter dazugeben.

Die Hechtfilets mit Zitronensaft beträufeln, salzen und pfeffern. Auf eine gelochte Garschale mit der Hautseite noch oben legen.

Die Hechtfilets bei 80 °C 5 bis 6 Minuten dämpfen. Nach 4 Minuten die Gemüsespaghetti in den DG zugeben und erwärmen.

Auf vorgewärmten Tellern Gemüsespaghetti anrichten, mit dem Parmesan bestreuen und die Hechtfilets daraufgeben.

Zutaten

4 Hechtfilets
350 g Spaghetti
1 EL Olivenöl
3 Zucchini
3 Karotten
frische Kräuter (z. B. Basilikum, Oregano, Thymian)
1 EL Zitronensaft
3 EL Parmesan, frisch gerieben
Salz, Pfeffer

Lachsfilet auf Couscousgemüse und Zitronensauce

Zubereitung

Den DG auf 100 °C vorheizen.

Karotten und Zucchini waschen und putzen, beides in kleine Würfel schneiden.

Zwiebel fein schneiden und Knoblauchzehen klein hacken, das Olivenöl untermischen und alles in eine ungelochte Garschale geben. Kräftig würzen. Im DG 7 Minuten dämpfen.

Danach die Gemüsebrühe und den Couscous dazugeben und nochmals 4 Minuten dämpfen.

Die Lachsfilets in eine ungelochte Garschale geben und mit dem Weißwein und den Gewürzen auffüllen. Die Fische für 8 Minuten zu dem Gemüse in den DG schieben und dämpfen.

Die Lachsfilets aus dem Sud herausheben, den Fischfond für die Sauce abseihen.

Zwiebeln schälen und sehr fein hacken. Die Butter zerlassen und die Zwiebeln darin anschwitzen. Den Schlagobers und den Fischfond dazugeben, einmal kurz aufkochen lassen.

Die Zitronenschale abreiben, den Zitronensaft anschließend auspressen. Beides zur Sauce geben. Mit Salz und Pfeffer würzen.

Zutaten

4 Lachsfilets
¼ l Weißwein
1 Lorbeerblatt
4 Pfefferkörner

Couscousgemüse
250 g Karotten
250 g Zucchini
1 Zwiebel
2 Knoblauchzehen
2 EL Olivenöl
150 ml Gemüsebrühe
200 g Couscous
Salz, Pfeffer

Zitronensauce
2 EL Butter
2 kleine Zwiebeln
250 ml Schlagobers
1 unbehandelte Zitrone
Salz, Pfeffer

Lachsfilet auf Couscousgemüse und Zitronensauce

Zanderfilet an Basilikumsauce, dazu knackiges Gemüse

Zanderfilet an Basilikumsauce, dazu knackiges Gemüse

Zubereitung

Den DG auf 100 °C vorheizen.

Das Gemüse waschen, putzen und grob schneiden. Im DG 8 Minuten dämpfen.

Die Zanderfilets waschen, trocknen und mit Salz, Pfeffer und Zitronensaft würzen.

Ein ungelochtes Garblech mit 2 EL Olivenöl ausstreichen und die Filets mit der Hautseite nach oben auflegen. Den Fisch bei 95 °C 6 Minuten glasig dämpfen.

In der Zwischenzeit in einem Topf das restliche Öl erwärmen und die Zwiebel darin anschwitzen. Mit dem Weißwein ablöschen und der Gemüsebrühe sowie dem Schlagobers auffüllen. Mit Salz und Pfeffer würzen, die abgezupften Basilikumblättchen dazugeben und alles mit einem Stabmixer schaumig schlagen.

Das Gemüse in einer Bratpfanne in der erwärmten Butter schwenken, würzen und am Teller mittig platzieren. Zanderfilet darauflegen und mit der Basilikumsauce umkränzen.

Zutaten

4 Zanderfilets à 150 g
1 EL Zitronensaft
600 g Gemüse der Saison
(z. B. Karotten, Zucchini, Paprika)
4 EL Olivenöl
1 Zwiebel
3 EL Weißwein
250 ml Gemüsebrühe
100 ml Schlagobers
1 Bd. frischer Basilikum
Salz, Pfeffer
50 g Butter

Geflügel

Geflügel ist ein Sammelbegriff für Vögel, die dem Menschen als Nahrung dienen. Hühner, Gänse, Enten, Perlhühner, Truthähne (Puten), Tauben und Wachteln gehören zu den als Nutztiere gezüchteten Geflügelarten. Diesen gegenüber stehen die in freier Wildbahn vorkommenden Fasane, Rebhühner und Wildenten.
Allen gemein ist ihr weißes, leicht verdauliches Fleisch, das sich vor allem im Brustbereich durch ein besonders günstiges Verhältnis von Eiweiß zu Fett auszeichnet.

Entenbrust mit Kirschbalsamico

Zubereitung

Den DG auf 100 °C vorheizen.

Die Entenbrustfilets abspülen, trocken tupfen und die Haut mit einem scharfen Messer in gleichmäßigen Rauten einschneiden.

Danach die Entenfilets salzen und pfeffern, auf eine ungelochte, geölte Garschale geben und 12 - 14 Minuten dämpfen.

Den Entenfond vom Blech in einen Topf geben, einmal aufkochen und mit dem Kirschwasser ablöschen. Etwas reduzieren lassen und die Balsamicoglasur dazugeben. Nochmals abschmecken und mit den Filets anrichten.

Zutaten

4 Entenbrustfilets (je etwa 150 g)
3 EL Olivenöl
1 cl Kirschwasser
2 EL Balsamicoglasur
Salz, Pfeffer

Entenbrust mit Kirschbalsamico

Gedämpfte Hühnerkeulen mediterran

Gedämpfte Hühnerkeulen mediterran

Zubereitung

Den Dampfgarer auf 100 °C vorheizen.

Für die Marinade die Zutaten vermengen.

Die Hühnerkeulen waschen, trocken tupfen, mit Marinade einstreichen und auf das ungelochte Blech legen. 30 Minuten dämpfen.

Danach das gewürfelte Gemüse dazulegen, restliche Marinade angießen und weitere 12 Minuten dämpfen.

Zutaten

4 Hühnerkeulen
1 Melanzani
1 Zucchini (groß)
1 roter Paprika
1 Zwiebel

Marinade

1 EL Zitronensaft
3 EL Olivenöl
Salz, Pfeffer
Chili
Thymian

Gefülltes Hühnerfilet auf Zuckererbsenschoten

Zubereitung

Den DG auf 100 °C vorheizen.

Die Hühnerfilets plattieren und die ursprüngliche Hautseite nach oben legen.

Den geputzten und gewaschenen Blattspinat auf eine gelochte Garschale geben und im DG bei 100 °C 2 Minuten blanchieren. Sofort kalt abschrecken und ausdrücken.

Den Spinat mit Salz, Pfeffer und gepresstem Knoblauch würzen und auf die plattierten Hühnerfilets aufteilen.

Den Mozzarella in vier gleiche Stücke schneiden und je 1 Stück auf den Blattspinat geben.

Die Hühnerfilets einklappen und zudrücken. Auf eine ungelochte, geölte Garschale geben und bei 100 °C 15 Minuten dämpfen.

Die gewaschenen, geputzten Zuckererbsenschoten auf eine ungelochte, geölte Garschale geben, salzen und im DG mit den Hühnerfilets die letzten 3 Minuten mitdämpfen.

Butter in einer Pfanne erwärmen und die Zuckererbsenschoten darin schwenken, mit Salz und Pfeffer würzen. Mit den Hühnerfilets anrichten.

Zutaten

4 Hühnerfilets
200 g Blattspinat (evtl. TK)
1 Kugel Mozzarella
600 g Zuckererbsenschoten
4 EL Olivenöl
50 g Butter
Salz, Pfeffer
1 Knoblauchzehe

Gefülltes Hühnerfilet auf Zuckererbsenschoten

Junghühnerbrüstchen auf Tomaten-Gurken-Ragout

Junghühnerbrüstchen auf Tomaten-Gurken-Ragout

Zubereitung

Den DG auf 100 °C vorheizen.

Die Hühnerbrüste unter der Haut einritzen und mit einem Teil der gerebelten, frischen Kräutern füllen. Hühnerbrüste salzen und pfeffern, auf eine ungelochte, geölte Garschale legen und bei 100 °C 18 Minuten dämpfen.

Tomaten halbieren, das Fruchtfleisch mit einem kleinen Löffel entfernen, Tomaten in Würfel schneiden. Die Gurken der Länge nach vierteln und die Kerne herausschneiden. Die Gurken ebenfalls in Würfel schneiden.

In einer Pfanne 2 EL Olivenöl erhitzen, die Gurken und die Tomaten darin schmoren. Salzen, pfeffern und mit den restlichen Kräutern verfeinern.

Dazu passen heurige, in Butter geschwenkte Kartoffeln.

Zutaten

4 Hühnerbrüste mit Haut
4 EL Olivenöl
4 große Tomaten
2 Gurken (Schlangengurken)
frische Kräuter, z. B. Thymian, Oregano, Majoran
Salz, Pfeffer

Kalb

Nicht nur der traditionelle Kalbsbraten gelingt im Dampfgarer, sondern auch Ragout, Steak, Schnitzel und Roulade werden besonders schonend zubereitet. Bei Kalbfleisch kann man auch einmal mit nicht so klassischen Gewürzen wie Lavendelblüten, Ringelblumen, Brombeer- und Himbeerblättern experimentieren. Die Geschmacksknospen werden sich freuen!

Gedämpfte Kalbsmedaillons an Lavendelduft mit Spargel

Zubereitung

Den DG auf 100 °C vorheizen.

Spargel schälen – den weißen ganz, den grünen nur am unteren Ende.

Den weißen Spargel auf eine gelochte Garschale legen und im DG bei 100 °C vorerst 4 Minuten dämpfen.

Nun den grünen Spargel, die Kalbsmedaillons und eine Lavendelblüte auf eine geölte, ungelochte Garschale legen und zum weißen Spargel in den DG geben.

Gemeinsam weitere 9 Minuten dämpfen.

Den beim Garen entstandenen Kalbsfond vom DG in einen Topf geben, einmal aufkochen, mit Wein ablöschen. Mit Gemüsebrühe und Schlagobers aufgießen, die andere Lavendelblüte dazugeben und einkochen lassen. Mit Salz und Pfeffer abschmecken.

Den gegarten Spargel in heißer Butter schwenken und zusammen mit den Medaillons servieren. Dazu passen junge Kartoffeln.

Zutaten

8 Kalbsmedaillons à 80 g
500 g grüner Spargel
750 g weißer Spargel
100 ml trockener Weißwein
100 ml Gemüsebrühe
100 ml Schlagobers
2 Lavendelblüten
2 EL Olivenöl
20 g Butter
Salz, Pfeffer aus der Mühle

Kalbsrückensteak aus dem Dampf mit Artischocken-Tomatengemüse

Zubereitung

Den DG auf 100 °C vorheizen.

Die Kalbsrückensteaks salzen, pfeffern, auf ein geöltes Garblech legen und im DG bei 100 °C 8 Minuten dämpfen.

Artischocken achteln, Lauch in Streifen schneiden und beides in Olivenöl anbraten. Die Salbeiblätter dazugeben, mit dem Weißwein ablöschen und 2 Minuten einkochen lassen.

Das Artischockengemüse würzen und mit der Butter verfeinern.

Tomaten achteln, in den Topf zu den Artischocken geben, einmal kurz umrühren und vom Feuer nehmen.

Gemeinsam anrichten.

Zutaten

4 Kalbsrückensteaks
4 Artischockenböden (aus dem Glas)
½ Stange Lauch
4 Salbeiblätter
⅛ l Weißwein
50 g kalte Butter
2 Tomaten
2 EL Olivenöl
Salz, Pfeffer

Lamm

Gerade bei Lamm erhöht der Einsatz des Dampfgarers und die Verwendung der richtigen Gewürze die Bekömmlichkeit enorm. So unterstreicht zum Beispiel das Beifügen von Schafgabe den zarten Eigengeschmack.
Beim Einkauf sollte man unbedingt auf Qualität achten! Lammrücken und Lammkeulensteak bestehen hauptsächlich aus magerem Muskelfleisch und sind deshalb nicht nur besonders gesund, sondern auch frei von „Schafgeschmack".

Lammkeulensteaks mit Speckbohnen

Zubereitung

Den DG auf 100°C vorheizen.

Gewaschene und geputzte, aber nicht zerkleinerte Grüne Bohnen 15 Minuten bei 100 °C dämpfen.

Die Lammkeulensteaks waschen, trocken tupfen, salzen und pfeffern und auf eine ungelochte Garschale legen.

Als erstes kommt das Heu für 3 Minuten in den vorgeheizten DG, um ein Heublumenklima zu schaffen. Danach Thymian und Majoran im Ganzen auf die Lammkeulensteaks legen, in den DG unter das Heu geben und alles ca. 15 Minuten bei 100 °C dämpfen.

In der Zwischenzeit werden die Grünen Bohnen mit dem Speck umwickelt und auf ein ungelochtes Garblech gelegt.

Zum Schluss, 4 Minuten vor Ende der Garzeit des Lammes, werden die Speckbohnen im DG miterwärmt. Dazu empfehlen wir Dampfkartoffeln.

Zutaten

4 Lammkeulensteaks
2 Handvoll Bioheu
400 g Grüne Bohnen
8 Scheiben Bauchspeck
Salz, Pfeffer
frischer Thymian und Majoran

Lammkeulensteaks mit Speckbohnen

Das Beste vom Lamm an Honig-Apfelsauce, dazu Brokkoli-Traubengemüse

Das Beste vom Lamm an Honig-Apfelsauce, dazu Brokkoli-Traubengemüse

Zubereitung

Die Zwiebel und den Apfel in feine Würfel schneiden, in einer Pfanne mit der Butter anschwitzen, den Honig dazugeben, kurz mitrösten und mit dem Apfelsaft aufgießen. 5 Minuten leicht kochen lassen und die Gemüsebrühe dazugießen. Nochmals 5 Minuten kochen und mit dem in kaltem Wasser angerührten Stärkemehl binden.

Den DG auf 100 °C vorheizen.

Die Lammrücken würzen, mit Thymian belegen und auf eine mit Olivenöl bestrichene, ungelochte Garschale geben.

Den Brokkoli in Röschen teilen und in eine gelochte Garschale geben.

Das Fleisch 18 Minuten rosa dämpfen, den Brokkoli die letzten 10 Minuten in den DG geben.

Die Weintrauben halbieren und entkernen.

In einer Pfanne Olivenöl erwärmen, die Weintrauben recht heiß und kross kurz anbraten. Mit dem Balsamicoessig ablöschen und die Brokkoliröschen dazu geben. Alles mit Salz und Pfeffer würzen und auf einem Teller anrichten.

Die Lammrücken in schräge, gleichmäßige Stücke schneiden und auf das Gemüse setzen. Die Sauce rundum angießen.

Zutaten

2 Lammrücken
2 EL Olivenöl
Salz, Pfeffer
2 Zweige frischer Thymian
1 Brokkoli
200 g Weintrauben, blau und weiß
2 EL Olivenöl
2 EL Balsamicoessig

Honig-Apfelsauce

1 Zwiebel
1 säuerlicher Apfel
2 EL Butter
2 EL Honig
⅛ l Apfelsaft
¼ l Gemüsebrühe
1 EL Stärkemehl

Pute

Die Pute gehört zu den beliebtesten Fleischarten, und das nicht ohne Grund. Sie ist leicht bekömmlich, mager, zart und – aufgrund von wenig Eigengeschmack – vielseitig einsetzbar. Bei der Zubereitung darauf achten, dass das Fleisch immer gut durchgebraten wird, um sicherzugehen, dass Keime, etwa Salmonellen, keine Chance haben.

Putenröllchen mit exotischer Füllung

Zubereitung

Den DG auf 100 °C vorheizen.

Die Putenschnitzel zwischen Klarsichtfolie plattieren.

Dann die Schnitzel mit Salz und Pfeffer würzen, mit je einer Scheibe Schinken belegen, mit etwas Mango-Chutney bestreichen und mit Mandelsplittern bestreuen. Die Putenschnitzel einzeln straff einrollen und mit Alufolie gut umwickeln.

Die Röllchen auf eine gelochte Garschale geben und 18 Minuten dämpfen.

Dazu passt Gemüse der Saison oder Früchtereis.

Zutaten

4 Putenschnitzel
Salz, Pfeffer
4 Scheiben gekochter Schinken
4 EL Mango-Chutney (siehe Seite 151)
2 EL Mandelsplitter

Putenröllchen mit exotischer Füllung

Putenmedaillons im Gomasiomantel an Orangensauce und Curryreis

Putenmedaillons im Gomasiomantel an Orangensauce und Curryreis

Zubereitung

Den DG auf 100 °C vorheizen.

Die Putenmedaillons mit dem Mehl, den Eiern und dem Gomasio panieren und auf eine geölte, ungelochte Garschale legen.

Den Basmatireis mit Salz und Curry in eine ungelochte Garschale geben und mit 400 ml Wasser aufgießen. Im DG 20 Minuten dämpfen. Nun die Garschale mit dem Fleisch dazugeben und beides weitere 8 Minuten dämpfen.

Braunen Zucker kurz karamellisieren, mit dem Orangen- und Zitronensaft ablöschen, kurz einkochen, mit der Gemüsebrühe auffüllen und 5 Minuten kochen. Mit Salz und Cayennepfeffer würzen, Stärke und Schlagobers verrühren und den Saft damit binden.

Putenmedaillons mit Reis und Orangensauce anrichten.

Zutaten

8 kleine Putenmedaillons
50 g Dinkelmehl
2 Eier
150 g Gomasio (geriebener und gerösteter Sesam)
2 EL Ölivenöl
200 g Basmatireis
Salz
½ TL Curry

Orangensauce

1 EL brauner Zucker
300 ml Orangensaft
1 TL Zitronensaft
200 ml Gemüsebrühe
Salz, Cayennepfeffer
1 EL Stärkemehl
3 EL Schlagobers

Schwein

Wieviel Schwein braucht der Mensch? Grundsätzlich ist Schweinefleisch nicht wesentlich gesünder oder ungesünder als Pute oder Rind. Es sollte dennoch nicht täglich auf dem Speiseplan stehen. Figurbewusste halten sich an Schweinsfilet, Schlögel und Karree. Wer der Gesundheit einen großen Gefallen tun will, reduziert den Konsum von gepökeltem Fleisch, z. B. Würste und Geräuchertes, auf ein Minimum.

Schweinsrückensteak an Blauschimmelkäsesauce und Spaghetti

Zubereitung

Den DG auf 100 °C vorheizen.

Die Schweinsrückensteaks salzen und pfeffern und auf eine ungelochte, mit Öl ausgepinselte Garschale geben und im DG 16 Minuten dämpfen.

Auf ein ungelochtes Garblech 1 l Wasser geben und salzen, 1 EL Olivenöl hinzufügen. Die Spaghetti locker in das Wasser legen und im DG bei 100 °C 15 Minuten dämpfen.

Inzwischen die Frühlingszwiebeln in Ringe schneiden, den Paprika klein würfeln. Den Käse in Würfel schneiden.

1 EL Olivenöl in einer Pfanne erhitzen, Zwiebeln und Paprika darin anbraten. Mit dem Wein ablöschen, Schlagobers und den Käse zufügen, einkochen lassen. Mit Salz, Pfeffer, Petersilie und Suppenwürze abschmecken.

Die Spaghetti abseihen, in einen tiefen Teller geben und mit Blauschimmelkäsesauce überziehen. Die Fleischstücke dazulegen.

Zutaten

4 Schweinsrückensteaks
300 g Spaghetti
2 Frühlingszwiebeln
50 g roter Paprika
150 g Blauschimmelkäse
50 ml Weißwein
200 ml Schlagobers
Petersilie
Salz, weißer Pfeffer
1 TL Suppenwürze
2 EL Olivenöl

Schweinsrückensteak an Blauschimmelkäsesauce und Spaghetti

Schweinsfiletspießchen mit Schmortomaten an Joghurt-Gurkensauce, dazu Kartoffeln

Schweinsfiletspießchen mit Schmortomaten an Joghurt-Gurkensauce, dazu Kartoffeln

Zubereitung

Die Kartoffeln waschen und im DG auf einem gelochten Garblech bei 100 °C 50 Minuten mit der Schale dämpfen.

Schweinsfilet der Länge nach halbieren und quer in fingerbreite Stücke schneiden.

Pro Person 2 kleine Spießchen mit Schweinsfiletstückchen (insgesamt je ca. 150 g) aufstecken. Mit Salz und Pfeffer würzen.

Die Gurke schälen und längs halbieren. Die Kerne mit einem Teelöffel entfernen, Gurke grob raspeln, in eine Schüssel geben, mit 1 TL Salz mischen und ca. 10 Minuten Wasser ziehen lassen. Dann in ein Mulltuch geben und von oben her kräftig zudrehen, damit das ganze Wasser aus den Gurkenraspeln gepresst wird.

Nun Sauerrahm, Joghurt, Olivenöl, gepressten Knoblauch, Salz dazugeben, nicht zu kräftig durchmischen.

Für die Spieße ein ungelochtes Garblech mit 2 EL Olivenöl einstreichen und die gewürzten Spieße drauflegen. Im DG bei 100 °C gemeinsam mit den Kartoffeln die letzten 15 Minuten mitdämpfen.

Die Tomaten halbieren und in einer Pfanne mit dem restlichen Olivenöl ca. 5 Minuten schmoren. Mit Salz, Pfeffer und etwas Oregano abschmecken.

Alles gefällig am Teller anrichten.

Zutaten

600 g Schweinsfilet
600 g Kartoffeln
4 EL Olivenöl
400 g Cocktailtomaten
Oregano
Salz, Pfeffer aus der Mühle

Joghurt-Gurkensauce

1 große Gurke
250 ml Sauerrahm
250 ml Joghurt
2 EL Olivenöl
2 Knoblauchzehen
Salz

Diese Spießchen können auch abwechselnd mit in passende Stücke geschnittenen Paprika und Zucchini verfeinert werden.

Rind

Medium, rare, well done – aus dem Dampfgarer. Hier wird gezeigt, wie's geht!

Für das optimale Steak (180 – 200 g) ist folgende Reihenfolge zu beachten:
1. Schritt: Dampfgarer vorheizen
2. Schritt: Ungewürztes Steak auf die gelochte Garschale legen und 6 Minuten bei 100 °C dämpfen. Der Dampf schließt die Poren sofort und hält somit das Steak saftig.
3. Schritt: Um die gewünschte Kruste zu erhalten, das Steak von beiden Seiten in der Pfanne kurz anbraten. Nach Belieben würzen.

Vitaminburger

Zubereitung

Den DG auf 100 °C vorheizen.

Das Suppengemüse waschen, schälen und in sehr kleine Würfel schneiden. Das Gemüse auf eine gelochte Garschale geben und im DG bei 100 °C 5 Minuten dämpfen. Danach kalt abschrecken.

Das faschierte Rindfleisch mit Salz, Pfeffer, Senf, Majoran, Thymian, Chili und den Nüssen würzen und mit dem gedämpften Gemüse zu Laibchen formen. Eine ungelochte Garschale mit dem Öl auspinseln und die Laibchen daraufgeben.

Im DG bei 100 °C 18 Minuten dämpfen.

Die Dinkelbrötchen in der Mitte durchschneiden, den Burger daraufsetzen, mit einem Salatblatt abdecken.

Zwiebel in Ringe, Tomate und Essiggurkerl in Scheiben schneiden, jeweils etwas davon auf den Burger legen. Mit der zweiten Hälfte vom Dinkelbrötchen abdecken.

Ideal speziell für die gesunde Pause in der Schule oder im Büro.

Zutaten

4 Dinkelbrötchen
300 g Rindfleisch, faschiert (von der Schulter)
200 g Suppengemüse
4 frische Salatblätter
½ Zwiebel
1 Tomate
1 Essiggurkerl
50 g gemischte, gemahlene Nüsse (Haselnüsse, geschälte Hanfnüsse, Walnüsse, Cashewkerne)
Salz, Pfeffer
Senf, Majoran, Thymian, Chili
2 EL Rapsöl

Vitaminburger

Roulade vom Weidestier an Merlotsaft

Roulade vom Weidestier an Merlotsaft

Zubereitung

Den DG auf 100 °C vorheizen.

Das Schnitzelfleisch plattieren, mit Salz, Pfeffer und Senf einreiben.

Die Karotte und die Gelbe Rübe schälen und achteln. Die Essiggurke der Länge nach vierteln. 1 Stück von der Karotte, 1 Stück von der Gelben Rübe, 1 Scheibe Speck und 1 Stück Essiggurke auf den unteren Rand der Schnitzel legen und damit eine Roulade formen.

Zwiebel fein würfeln, das geputzte Suppengemüse in grobe Würfel schneiden. In einem Topf mit dem Olivenöl anbraten, Senf und Tomatenmark dazugeben und kräftig mitrösten. Nun mit dem Rotwein ablöschen und mit der Rindsuppe aufgießen.

Die Kräutermischung in ein Teeei einfüllen und zur Sauce geben. Die Sauce kurz aufkochen, danach den Schlagobers dazugeben. Die Sauce über die Rouladen gießen und im DG bei 100 °C 90 Minuten dämpfen.

Das Teeei und die Rouladen herausnehmen, das Gemüse fein pürieren. Die Sauce nochmals abschmecken.

Die Rouladen in der Mitte schräg durchschneiden und auf der Sauce anrichten.

Dazu passt Gemüse der Saison und Nudeln.

Zutaten

4 große Rindschnitzel à 200 g
1 Karotte
1 Gelbe Rübe
4 Scheiben Bauchspeck
1 große Essiggurke
1 Zwiebel
1 Bd. Suppengemüse
4 EL Olivenöl
Senf
2 EL Tomatenmark
¼ l Merlot
⅛ l Rindsuppe
Salz, Pfeffer
2 EL Schlagobers
Kräutermischung: Kamille, Ringelblume, Apfelminze, Himbeerblätter, Brombeerblätter, Erdbeerblätter, Kornblumen, Sonnenblumenblütenblätter

Rumpsteak mit Spargel und Gemüse-Senfsauce

Zubereitung

Den DG auf 100 °C vorheizen.

Den Spargel von der Spitze her schälen und das untere Ende großzügig wegschneiden. Die Stangen auf eine gelochte Garschale legen und bei 100 °C 16 Minuten dämpfen.

Die fein gehackten Kräuter mit dem Senf gut mischen und die Steaks damit einstreichen. Salzen und pfeffern. Ein ungelochtes Garblech mit Olivenöl ausstreichen und das Fleisch darauflegen.

Gemeinsam mit dem Spargel die letzten 8 Minuten im DG dämpfen.

Für die Sauce das Suppengemüse schälen, würfelig schneiden und in Rapsöl gut anbraten. Den Senf dazurühren, nochmals kräftig durchrösten und mit dem Weißwein ablöschen. Reduzieren lassen und mit dem Wasser auffüllen. Das Gemüse weich dünsten und mit dem Stabmixer pürieren.

Danach die Gemüse-Senfsauce mit dem Schlagobers auffüllen. Salzen, pfeffern und die gekörnte Gemüsebrühe dazugeben, nochmals abschmecken und gemeinsam anrichten.

Zutaten

4 Rumpsteaks
800 Spargel
frische Kräuter, wie Petersilie, Thymian, Oregano, Kamillenblüten, Ringelblumen
1 EL Senf
Salz, Pfeffer
2 EL Olivenöl

Gemüse-Senfsauce

1 Bd. Suppengemüse
3 EL Rapsöl
1 EL Senf
1/16 l Weißwein
500 ml Wasser
100 ml Schlagobers
Salz, Pfeffer
1 EL gekörnte Gemüsebrühe

Rumpsteak mit Spargel und Gemüse-Senfsauce

Gekochtes vom Rind an buntem Semmelkren und Röstkartoffeln

Gekochtes vom Rind an buntem Semmelkren und Röstkartoffeln

Zubereitung

Das Fleisch mit einem Hanf-Bindfaden binden, damit es schön in Form bleibt.

Den DG auf 100 °C vorheizen.

In einem ungelochten Garblech das grob geschnittene Wurzelgemüse, Lorbeer, Petersilienstängel und Pfefferkörner geben und mit Wasser auffüllen.

Das Garblech mit dem Gemüse auf die unterste Schiene geben und das Fleisch auf den Rost legen. 15 Minuten bei 100 °C dämpfen, danach auf 95 °C zurückschalten und weitere 1,5 Stunden dämpfen.

Die Kartoffeln in der Schale 55 Minuten dämpfen, schälen und in dünne Blättchen schneiden.

Zwiebel feinwürfelig schneiden, in einer Bratpfanne mit Butter anschwitzen. Die gedämpften Kartoffelscheiben dazugeben und mitrösten. Mit Salz und Pfeffer abschmecken.

Semmeln eventuell entrinden, in feine Würfel schneiden, mit heißer Bouillon übergießen und aufkochen. Mit einer Schneerute breiartig verrühren, mit Salz, Pfeffer, Muskat sowie einem Spritzer Zitronensaft abschmecken. Den Schlagobers einrühren, den Kren dazugeben, nochmals abschmecken. Das Gemüse (vom Fleisch) in kleine Würfel schneiden und zum Semmelkren geben.

Das Fleisch kurz mit kaltem Wasser abschrecken, den Bindfaden entfernen, in gleichmäßige Scheiben schneiden. Die Röstkartoffeln mit dem bunten Semmelkren auf den Teller geben und je eine Scheibe Fleisch daraufsetzen. Mit fein geschnittenem Schnittlauch bestreuen.

Zutaten

1 kg Tafelspitz (Schulterspitz, Schulterscherzel, Beinfleisch etc.)
1 Karotte
1 Stück Sellerie
1 Stange Lauch
2 Lorbeerblätter
2 Petersilienstängel
5 Pfefferkörner
Schnittlauch

Semmelkren

4 Semmeln, altbacken
⅜ l Rindsbouillon
Salz, Pfeffer
Muskat
Zitronensaft
100 ml Schlagobers
4 EL Kren, frisch gerieben

Röstkartoffeln

800 g Kartoffeln
1 Zwiebel
80 g Butter
Salz, Pfeffer

Wild

Die uneingeschränkte Bewegungsfreiheit und abwechslungsreiche Nahrung, bestehend aus Gräsern und Kräutern, sind für den guten Geschmack des Wildbrets verantwortlich. Schmackhaft, nährstoffreich, kalorienarm, eiweißreich, fettarm und gesund – so könnte man Wildfleisch zusammenfassend auf den Punkt bringen.
Wenn man beim Wildbrethändler oder gewissenhaften Jäger das Fleisch einkauft, kann man sicher sein, höchste Qualität auf den Teller zu bekommen.

Medaillons aus der Hirschkeule an Hagebuttensauce, Maronipüree und Spinatspätzle

Zubereitung

Maroni einschneiden und im Backrohr bei 180 °C backen, bis die Schale aufspringt. Nun die Maroni schälen und auf ein gelochtes Garblech geben.

Den DG auf 100 °C vorheizen und die Maroni in 35 Minuten weich dämpfen.

Danach passieren, mit Butter und Schlagobers zu einem dicken Brei verrühren, mit Zucker, 1 Prise Salz und Weinbrand abschmecken. Zuletzt das geschlagene Obers unterheben.

Geputzten und gewaschenen Blattspinat in heißer Butter schwenken und mit etwas Gemüsebrühe aufgießen. Danach mit dem Stabmixer fein mixen.

Aus Mehl, versprudelten Eiern, Salz, Pfeffer, zerdrücktem Knoblauch sowie dem passierten Spinat einen Spätzleteig rühren. Wenn nötig, noch etwas Wasser einrühren. Einen großen Topf mit Salzwasser zum Kochen bringen, die Spätzle mit Hilfe eines Spätzlehobels direkt ins kochende Wasser drücken und leicht wallend kochen, bis sie an die Oberfläche steigen. Spätzle abseihen, kalt abschrecken und abtropfen lassen.

Die Hirschkeulenmedaillons auf ein geöltes, ungelochtes Garblech legen, mit den Kräutern (Majoran, Thymian, Rosmarin) sowie Salz und Pfeffer würzen und im vorgeheizten DG bei 100 °C 18 Minuten dämpfen. Die Medaillons aus dem DG nehmen und warm halten.

Den entstandenen Fond in einen Topf abgießen und mit Rotwein, Cognac, Hagebuttenmarmelade, Zitronensaft, Salz, Pfeffer und Zimt aufkochen. Zum Schluss den Sauerrahm unterziehen – nicht mehr kochen.

Appetitlich anrichten.

Zutaten

4 Medaillons aus der Hirschkeule
4 EL Rapsöl
Salz, Pfeffer
Majoran, Thymian, Rosmarin gerebelt

Maronipüree

500 g Maroni
50 g Butter
4 EL Schlagobers, flüssig
1 EL Staubzucker
1 TL Weinbrand
Salz
¼ l Schlagobers, geschlagen

Spinatspätzle

100 g frischer Spinat (oder Cremespinat)
½ EL Butter
etwas Gemüsebrühe
300 g Mehl
3 Eier
Salz, Pfeffer
1 Knoblauchzehe

Hagebuttensauce

80 ml Rotwein
1 EL Cognac
4 EL Hagebuttenmarmelade
1 TL Zitronensaft
Salz, Pfeffer, Zimt
100 ml Sauerrahm

Braten vom Rehbock an eigener Sauce dazu Apfelrotkraut, Preiselbeeren und Toastbrotknödel

Zubereitung

Die Rehkeule von den Knochen befreien und mit einem Küchenspagat in Form binden. Die Keule mit Salz und Pfeffer würzen und auf ein mit dem Öl ausgestrichenes Garblech geben. Kräuter und Lorbeerblatt dazulegen.

Das Suppengemüse waschen, putzen und in grobe Würfel schneiden. Die Zwiebeln grob würfeln. Alles mit den Wacholderbeeren ebenfalls auf das Blech geben.

Braten bei 95 °C ca. 1,5 Stunden dämpfen.

Für das Apfelrotkraut die Zwiebel fein schneiden, in Olivenöl andünsten. Zucker zugeben, kurz karamellisieren lassen, mit Rotwein und Orangensaft ablöschen. Preiselbeeren, Rotkraut, Lebkuchengewürz und den geschnittenen Apfel zugeben.

Das Rotkraut in einen ungelochten Garbehälter umfüllen und zum Braten in den DG geben und die letzten 35 Minuten mit dem Braten mitdämpfen.

Inzwischen für die Toastbrotknödel in einem Topf die Butter zerlassen und die Zwiebel darin anschwitzen. Die Petersilie, Salz und Muskatnuss dazugeben und mit der Milch aufgießen. Leicht erwärmen und über das in Würfel geschnittene Toastbrot geben, mit den Weißbrotbröseln binden. 10 Minuten ziehen lassen, danach mit den Eiern gut vermengen.

Klarsichtfolie auflegen, die zu einer Rolle geformte Semmelmasse daraufgeben und einwickeln. Die Enden gut abbinden, mit einer Gabel mehrmals einstechen und im DG, gemeinsam mit den anderen Speisen, bei 95 °C ca. 25 Minuten mitdämpfen.

Alles gefällig anrichten.

Zutaten

1 Rehkeule
3 EL Olivenöl
Meersalz, Pfeffer
frische Kräuter (Majoran, Thymian, Rosmarin)
1 Lorbeerblatt
1 Bd. Suppengemüse (Karotte, Lauch, Sellerie)
2 Zwiebeln
Wacholderbeeren, zerdrückt

Apfelrotkraut

50 g Zwiebel
1 EL Olivenöl
20 g Zucker
50 ml Rotwein
20 ml Orangensaft
20 g Preiselbeeren
300 g Rotkraut, geschnitten
½ TL Lebkuchengewürz
1 Apfel

Toastbrotknödel

200 g frisches Toastbrot
40 g Butter
50 g Zwiebel
1 EL Petersilie, gehackt
ca. 120 ml warme Milch
Salz
1 Prise Muskatnuss
2 EL Weißbrotbrösel
4 Eier

Braten vom Rehbock an eigener Sauce dazu Apfelrotkraut, Preiselbeeren und Toastbrotknödel

SüSSeS

Desserts

Das Beste kommt zum Schluss! Kein Kalorienzählen, sondern „reueloser" Genuss ist angesagt. Und auch kreativ sein ist erlaubt: Schokoladensoufflé und Crème brûlée etwa lassen sich herrlich mit frischen Früchten oder Früchtemark kombinieren.

Germknödel

Für 12 Stück

Zubereitung

Den DG auf 40 C° vorheizen.

Die Milch mit Zucker, Vanillezucker, Butter, Salz im DG erwärmen, die Eidotter unterrühren.

Zum Mehl die Zitronenschale hinzugeben und mit der Trockenhefe vermischen.

Das Milchgemisch langsam in das Mehl einrühren und zu einem feinen Teig schlagen (bis er sich vom Rand löst).

Teig zugedeckt ca. ½ Stunde rasten lassen, danach noch einmal durchkneten, ausrollen und in 12 gleichmäßige Stücke schneiden. In die Mitte einen Esslöffel Powidl setzen und den Teig zu einer Kugel schleifen.

Nochmals im DG 15 Minuten gehen lassen. Danach den DG auf 100 °C aufheizen und die Germknödel auf leicht geöltem, gelochtem Blech ca. 15 Minuten dämpfen.

Mohn mit Staubzucker vermischen, die Germknödel damit bestreuen und mit zerlassener Butter beträufeln.

Zutaten

500 g Mehl
unbehandelte Zitronenschale, gerieben
1 Pkg. Trockenhefe
ca. 250 ml Milch
50 g Zucker
1 Pkg. Vanillezucker
80 – 100 g Butter
1 Prise Salz
3 Eidotter
12 EL Powidl
2 EL Rapsöl
100 g Mohn gerieben
50 g Staubzucker
200 g Butter

Germknödel

Grießflammeri mit Schokosauce

Grießflammeri mit Schokosauce

Zubereitung

Den DG auf 100 °C vorheizen.

Milch mit Zucker in einer ungelochten Garschale 5 Minuten bei 100 °C dämpfen und den Grieß einrühren. Mit einer Prise Salz, etwas Orangen- und Zitronenschale abschmecken.

Die Grießmasse bei 85 °C weitere 10 Minuten quellen lassen.

Eingeweichte und gut ausgedrückte Gelatine in der warmen Grießmasse auflösen und Masse abkühlen bzw. leicht stocken lassen.

Währenddessen Obers halbsteif schlagen, mit dem Staubzucker vermischen und locker nach und nach unter die Grießmasse rühren.

Die Masse in gut gebutterte und mit Zucker ausgestreute Formen (Dariolförmchen) füllen und über Nacht kalt stellen.

Vor dem Stürzen den Flammeri mit einem scharfen Messer vom Rand lösen.

Für die Sauce Schokoladestücke in eine Kaffeetasse geben, mit Klarsichtfolie abdecken und im DG bei 75 °C erwärmen. Mit Rapsöl glattrühren.

Sauce dekorativ über den in der Tellermitte platzierten Flammeri geben.

Zutaten

250 ml Milch
2 – 3 EL Zucker
40 g Grieß
Salz
unbehandelte Orangenschale
unbehandelte Zitronenschale
2 – 3 Blätter Gelatine
200 ml Schlagobers
30 g Staubzucker
Butter und Kristallzucker
für die Förmchen

Schokosauce

100 g Milchschokolade
1 EL Rapsöl

Variante mit Fruchtsauce

Die Himbeeren verlesen, fein zerdrücken und im DG bei 80 °C 3 Minuten erwärmen. Mit dem Zucker und dem Wein verrühren, bis sich der Zucker aufgelöst hat, den Schlagobers untermischen.

250 g Himbeeren
1 ½ EL Zucker
1 EL trockener Rotwein
(oder roter Fruchtsaft)
3 EL Schlagobers

Marillenknödel

Zubereitung

Die Zutaten für den Teig gut vermischen und mit der Hand so lange kneten, bis er geschmeidig ist. Anschließend mindestens 2 Stunden kühl rasten lassen.

Herausnehmen, portionieren und mit einer ½ Marille und einem ½ Stück Würfelzucker füllen. Mit nassen Händen Knödel formen.

Marillenknödel auf eine gelochte Garschale geben und im auf 100 °C vorgeheizten DG 16 Minuten dämpfen.

Die Knödel werden im DG sehr flaumig und zerfallen nicht.

Butterbrösel

In einer Pfanne Butter heiß werden lassen, Semmelbrösel und Zucker dazugeben. Die Mischung nur ganz leicht bräunen.

Zutaten

8 Marillen
8 Stück Würfelzucker, halbiert

Teig

250 g Magertopfen (fein)
70 g Dinkelgrieß
70 g Dinkelmehl (griffig)
70 g Butter, zerlassen
1 Ei
Salz

Butterbrösel

100 g Butter
200 g Semmelbrösel
50 g Zucker

Der Teig lässt sich gut am Vortag zubereiten und über Nacht im Kühlschrank aufbewahren.

Marillenknödel

Crème brûlée

Crème brûlée

Für 6 Personen

Zubereitung

Den DG auf 85 °C vorheizen.

Milch und Schlagobers aufkochen, Herdplatte abschalten, Topf darauf stehen lassen.

Eidotter mit dem Zucker und der Vanille in einer nicht zu großen Schlüssel schaumig schlagen, nach und nach die Milch-Schlagobers-Mischung dazugeben.

Crème in 6 Crème-brûlée-Formen verteilen und ca. 60 Minuten im DG bei 85 °C stocken lassen. Aus dem DG nehmen und auskühlen lassen. Am besten nach dem Auskühlen noch 1 Stunde in den Kühlschrank stellen.

Braunen Zucker über die Crème streuen und mit dem Flämmer rasch karamellisieren.

Zutaten

130 ml Milch
400 ml Schlagobers
4 Eidotter
40 g Zucker
1 Vanilleschote (Mark) oder Vanillezucker
80 g brauner Zucker (für die Karamellkruste)

Den Zucker erst unmittelbar vor dem Karamellisieren auf die Crème geben, da er sonst in die Masse einzieht.

Süßer Grießauflauf

Zubereitung

Den DG auf 100 °C vorheizen.

In einem Topf die Milch zum Kochen bringen, den Grieß einrühren und auf der ausgeschalteten Herdplatte ca. 15 Minuten quellen lassen. Die Masse kalt stellen.

In der Zwischenzeit Butter, Zucker, Eidotter und Zitronenschale schaumig rühren.

Die Eiklar mit 1 Prise Salz zu Schnee schlagen und darunterheben. Alles in eine gebutterte Auflaufform füllen und im DG 20 Minuten dämpfen.

Nach Belieben kann man vor dem Garen Rosinen oder Früchte (z. B. Mandarinen, Weintrauben) untermischen.

Zutaten

150 g Grieß
⅝ l Milch
70 g Butter
150 g Zucker
3 Eier
Zitronenschale, unbehandelt
Salz
Butter für die Form
evtl. Rosinen oder frische Früchte

Schokoladensoufflé

Zutaten

110 g Schokolade
35 g Butter
110 g Zucker
3 Eier
2 EL Stärkemehl
1 EL Milch
Butter und Kristallzucker für die Formen

nach Belieben
Schokosauce (siehe Rezept Grießflammeri, Seite 139)
250 ml Schlagobers

Zubereitung

Den DG auf 100 °C vorheizen.

Schokolade in eine kleine Schüssel (Keramik oder Glas) geben und mit Frischhaltefolie luftdicht abschließen. Zum Schmelzen für 15 Minuten in den DG geben.

Die erweichte Schokolade mit Butter, Zucker und Eidottern flaumig abtreiben. Eiweiß zu Schnee schlagen, mit Stärkemehl und Milch unter die Dottermasse heben.

Alles in gebutterte und mit Zucker ausgestreute Dariolformen (oder kleine Auflaufformen) füllen. Die Masse im DG bei 85 °C langsam ca. 18 Minuten ziehen lassen, bis sich das Volumen sichtlich vergrößert hat.

Das Soufflé kurz überkühlen lassen.

Nach Belieben auf einen erwärmten Teller stürzen und mit der Schokosauce überziehen. Mit geschlagenem Obers garnieren.

Schokoladensoufflé

Marmeladen und Chutneys

Roh gerührte Erdbeermarmelade

Zubereitung

Gläser und Deckel im DG bei 100 °C sterilisieren, d. h. keimfrei machen.

Erdbeeren waschen, putzen, halbieren und in einer Schüssel mit Gelierzucker und Zitronensaft gut vermengen. Vanilleschote der Länge nach aufschneiden, Mark herauskratzen und mit der Schote beifügen. Zugedeckt etwa 1 Stunde kalt stellen.

Danach die Vanilleschote entfernen und die Erdbeeren mit dem Pürierstab oder Standmixer gut durchmixen, bis sich der Zucker vollständig aufgelöst hat.

Marmelade in die vorbereiteten Gläser füllen, diese verschließen und kalt stellen. Die Marmelade bleibt einige Tage dünnflüssig und wird erst nach einer Woche fester.

Im Kühlschrank gelagert, ist die Marmelade etwa 4 Wochen haltbar.

Zutaten

1 kg Erdbeeren
500 g Gelierzucker 2:1
Saft von 1 Zitrone
1 Vanilleschote

2 Twist-off-Gläser zu 500 ml

Der Dampfgarer eignet sich auch zum Sterilisieren von anderen Gegenständen, wie z. B. Babyfläschchen und Schnuller.

Roh gerührte Erdbeermarmelade

Brombeermarmelade

Zubereitung

Gläser und Deckel im DG bei 100 °C keimfrei dämpfen.

Vorsichtig gewaschene Brombeeren mit Gelierzucker und Zitronensaft in einen Topf geben und mit dem Stabmixer leicht pürieren, so dass Fruchtteile noch erkennbar bleiben.

Diese Masse ca. 30 Minuten ziehen lassen, anschließend am Herd ein Mal rasch aufkochen.

Den Schaum abschöpfen, Geliertest machen (ein wenig Marmelade auf eine Untertasse geben – wird sie dickflüssig, ist sie fertig).

Die Marmelade noch heiß in die vorbereiteten Gläser füllen. Diese gut verschließen und für ca. 30 Minuten kopfüber auf ein Küchentuch stellen.

Zutaten

1 kg Brombeeren
400 bis 500 g Gelierzucker 2:1
Zitronensaft (von ½ oder 1 Zitrone)

3 – 4 Twist-off-Gläser zu 500 ml

Ribiselmarmelade

Zubereitung

Gläser und Deckel im DG bei 100 °C keimfrei dämpfen.

Die Ribiseln waschen, abrebeln und roh in einen Topf passieren. Danach den Gelier- und den Kristallzucker untermischen und langsam aufkochen. Heiß in die vorbereiteten Gläser füllen.

Die Gläser gut verschließen und auf einem Küchentuch 5 Minuten auf dem Deckel stehen lassen.

Zutaten

2 kg Ribiseln (rot)
500 g Gelierzucker 2:1
1 kg Kristallzucker

5 Twist-off-Gläser zu 500 ml

Optimal ist es, die Gläser nach dem Verschließen für 15 Minuten bei 85 °C im DG zu sterilisieren.

Kirschmarmelade

Zutaten

750 g Kirschen
500 g Gelierzucker 2:1
1 EL Zitronensaft

5 Twist-off-Gläser zu 500 ml

Zubereitung

Gläser und Deckel im DG bei 100 °C 10 Minuten keimfrei dämpfen.

Die Kirschen entsteinen und mit dem Gelierzucker und dem Zitronensaft mischen, auf eine ungelochte Garschale geben. Kirschen 20 Minuten bei 100 °C dämpfen und anschließend mit dem Stabmixer mixen. In die entkeimten Gläser füllen.

Variante herkömmliche Zubereitung

In einem entsprechend großen Topf die entsteinten Kirschen mit dem Gelierzucker und dem Zitronensaft mischen. Mit dem Stabmixer zerkleinern.

Danach die Marmelade langsam unter Rühren 3 bis 5 Minuten aufkochen lassen, anschließend in die vorbereiteten Gläser abfüllen.

Die Gläser gut verschließen, für einige Minuten – auf einem Küchentuch – auf den Kopf stellen.

Apfelmus

Zubereitung

Gläser und Deckel im DG bei 100 °C 10 Minuten keimfrei dämpfen.

Die Äpfel waschen und entkernen und im DG 10 Minuten bei 100 °C dämpfen. Durch ein Sieb streichen und je nach Sorte etwas zuckern.

Gewürzvarianten: Zimt, Nelke, Vanillezucker je nach Belieben.

Danach das heiße Apfelmus in die gereinigten Gläser abfüllen, sofort gut verschließen und auf den Kopf stellen.

Zutaten

1 kg Äpfel
Zimt- und Nelkenpulver
Zucker (Vanillezucker)

2 Twist-off-Gläser zu 500 ml

Das so eingeweckte Apfelmus ist mindestens 6 Monate haltbar.

Apfelchutney

Zubereitung

Gläser und Deckel im DG 10 Minuten bei 100 °C keimfrei dämpfen.

Äpfel waschen, schälen, achteln und die Kerngehäuse herausschneiden. Die Apfelachtel sofort in den Zitronensaft legen.

Zwiebeln schälen und fein hacken, Paprika fein würfeln. Die Apfelachtel quer in dünne Scheiben schneiden, mit dem Essig, Salz, den Zwiebeln und den Paprikawürfeln mischen. 10 bis 15 Minuten zugedeckt bei nicht zu starker Hitze weich kochen.

Dann erst den Zucker und die zuvor kurz abgespülten Sultaninen dazugeben. Alles gut mischen und 20 Minuten weiterkochen lassen, bis das Chutney eine sämige Konsistenz hat.

Sofort in die vorbereiteten Gläser füllen, diese gut verschließen, kühl und dunkel aufbewahren.

Zutaten

1,5 kg säuerliche Äpfel (z. B. Boskop)
⅛ l Zitronensaft
250 g Zwiebeln
2 grüne Paprika
⅜ l Apfelessig
1 TL Salz
250 g brauner Zucker
125 g kernlose Sultaninen

4 Twist-off-Gläser zu 500 ml

Marillenchutney

Zubereitung

Gläser und Deckel im DG 10 Minuten bei 100 °C keimfrei dämpfen.

Marillen waschen, entsteinen und schneiden. Zwiebeln fein würfeln.

Alle Zutaten – bis auf Salz und Pfeffer – in einem Topf mit Gelierzucker gut verrühren. Alles unter Rühren bei starker Hitze zum Kochen bringen und etwa 10 Minuten kochen, dabei ab und zu umrühren.

Chutney mit Salz und Pfeffer aus der Mühle abschmecken und sofort in die vorbereiteten Gläser füllen.

Zutaten

750 g Marillen
250 g Zwiebeln
125 ml Orangensaft
125 ml Weißweinessig
250 g Gelierzucker
Salz, Pfeffer aus der Mühle

4 Twist-off-Gläser zu 500 ml

Mangochutney

Zubereitung

Gläser und Deckel im DG 10 Minuten bei 100 °C keimfrei dämpfen.

Die festen Gewürze in ein Teeei geben.

Die Mangos schälen, das Fruchtfleisch in Würfel schneiden und in einen Topf geben. Wasser, braunen Zucker, Himbeeressig, Weißwein, Salz, Cayennepfeffer und Paprikapulver hinzufügen. Das Teei dazugeben.

Mangochutney unter gelegentlichem Rühren kurz aufkochen und anschließend ca. 40 Minuten auf niedrigster Temperatur ohne Deckel köcheln lassen.

Das Chutney ist fertig, wenn alle Mangostückchen weich gekocht sind und die Sauce leicht dicklich wird.

Das Teeei wieder entfernen. Chutney in die vorbereiteten Gläser abfüllen.

Zutaten

2 große Mangos
6 EL kaltes Wasser
80 g brauner Zucker
4 EL Himbeeressig
2 EL Weißwein
1 TL Salz
1 Prise Cayennepfeffer
1 Prise Paprikapulver

10 g Ingwer
6 Pfefferkörner
1 TL rosa Pfefferkörner
½ Zimtstange
2 Nelken
1 Lorbeerblatt

1 – 2 Twist-off-Gläser zu 500 ml

Menü-KOMPOSITIONEN

aus den Rezepten

Leberknödelsuppe
Schweinsrückensteak an Blauschimmelkäsesauce und Spaghetti
Grießflammeri mit Schokosauce

Spinatcremesuppe mit Polentaschnitten
Junghühnerbrüstchen auf Tomaten-Gurkenragout
Marillenknödel

Gemüse-Einkornsalat
Gedämpfter Chicorée
Marillenknödel

Bröselknödelsuppe
Entenbrust mit Kirschbalsamico
Hirsepalatschinke mit roh gerührter Erdbeermarmelade

Zucchinirisotto
Germknödel

Kichererbsen-Gemüseallerlei
Kartoffel-Gemüsepuffer
Schokoladesoufflé

Buntes Linsenragout
Fischvariation an Safransauce und Wildreis

Tirolerknödelsuppe
Kartoffelgnocchi mit Salat

Brokkoliflan mit Kressesauce
Putenmedaillons im Gomasiomantel an Orangensauce und Curryreis

Spinat-Pilzterrine
Medaillons aus der Hirschkeule an Hagebuttensauce, Maronipüree und Spinatspätzle

Gemüsesoufflé
Das Beste vom Lamm an Honig-Apfelsauce, Brokkoli-Traubengemüse

Gedämpfte Riesengarnelen auf Rucola
Kalbsrückensteak mit Artischocken-Tomatengemüse

Kartoffel-Krabben-Terrine
Hechtfilet auf Gemüsespaghetti

Klare Gemüsebrühe mit Grießschnitten
Rumpsteak mit Spargel und Gemüse-Senfsauce
Crème brûlée

Mit Quinoa gefüllte Tomaten
Muschelpfanne à la Fritz

Bohneneintopf mit Gerste und Thymian
Kalbsrückensteak mit Artischocken-Tomatengemüse
Vanillecreme (= Crème brûlée ohne Karamellkruste)

Register

Danke

Wir als Autoren sind stolz darauf, dass wir dieses Buchprojekt umsetzen durften. An dieser Stelle möchten wir erwähnen, dass wir dem Verlag sehr dankbar sind, und im Besonderen Mag. Nicole Richter, weil sie an uns glaubte.

Bedanken möchten wir uns auch bei unseren Ehepartnern, Mario Kuttnig und Anneliese Pinteritsch, da die Arbeit am Buch doch einige Zeit in Anspruch genommen hat und sie daher auf uns „verzichten" mussten. (Sie werden es aber sicherlich nicht bereuen, denn die Dampfgarer zu Hause laufen schon heiß!)

Vielen Dank auch an Frau Dr. Susanne Ouschan. Ihre Texte bereichern unser Buch mit wertvollen Informationen.

Danke an das Fotografenteam Jost & Bayer für ihren ganz besonderen Blick, durch den der Facettenreichtum der Rezepte in äußerst geschmackvollen Fotos eingefangen wurde.

Danke auch an kika Klagenfurt für das Zurverfügungstellen der Küppersbusch-Dampfgargeräte. Insbesondere der Geschäftsleiter, Alfredo Sekoll, war uns eine große Hilfe!

Kurz erklärt

Bd. = Bund
cl = Centiliter
EL = Esslöffel
g = Gramm
kg = Kilogramm
l = Liter
ml = Milliliter
Msp. = Messerspitze
Pkg. = Packung
Stk. = Stück
TK = Tiefkühlware
TL = Teelöffel

Bröseltopfen = trockener Quark
Eierschwammerl = Pfifferling
Käferbohne = Feuerbohne
Marille = Aprikose
Powidl = Pflaumenmus
Schlagobers = Sahne
Schlögel = Keule

Mit freundlicher Unterstützung durch:

kika

Fissler
Freu dich aufs Kochen.

Küppersbusch
ALLERFEINSTE KÜCHENTECHNIK

Der Höhepunkt eines festlichen Essens: frisch und knusprig kommt der duftende Braten aus dem Ofen und auf die Teller. Der gelungene Braten ist kein Mysterium, wenn man sich diesem Buch anvertraut – das zuverlässige Kompendium für den Hobbykoch!

Christoph Wagner
BRATENKÜCHE
150 feine Rezepte von Geflügel bis Wild
Mit Fotos von Peter Barci

240 Seiten, 17 x 24 cm
Hardcover mit SU, durchgehend Farbe

€ 24,95 · ISBN: 978-3-85431-525-4

Pichler Verlag

Im weiten Knödel-Universum gibt es keine Grenzen – vor allem nicht für dieses Buch, das zur Fundgrube wird für alle, die herzhaft genießen wollen. Ob in der Suppe oder als Nachtisch, als Bratenbeigabe oder als Alleinherrscher auf dem Teller – der Knödel macht die Musik.

Ingrid Perkopf · Christoph Wagner
KNÖDELKÜCHE
Die 250 besten Rezepte von pikant bis süß
Mit Fotos von Peter Barci

240 Seiten, 17 x 24 cm
Hardcover mit SU, durchgehend Farbe

€ 24,95 · ISBN: 978-3-85431-526-1

Pichler Verlag